Dr. Adelheid Müller-Lissner

Nestwärme – Erziehung mit EQ

Wie Sie die emotionale Intelligenz
Ihres Kindes fördern

Originalausgabe

WILHELM HEYNE VERLAG
MÜNCHEN

HEYNE RATGEBER
08/5160

Umwelthinweis:
Dieses Buch wurde auf
chlor- und säurefreiem Papier gedruckt.

Copyright © 1998 by Wilhelm Heyne Verlag GmbH & Co. KG, München
Printed in Germany 1998
Lektorat: Gisela Klemt
Umschlaggestaltung: Atelier Adolf Bachmann, Reischach
Satz: ew print & medien service gmbh, Würzburg
Druck und Bindung: Pressedruck, Augsburg

ISBN 3-453-13253-x

INHALT

EINLEITUNG

Seit einigen Jahren wird vor allem von amerikanischen Psychologen die Bedeutung der sogenannten Emotionalen Intelligenz propagiert. Was jeder Besitzer des berühmten »gesunden Menschenverstands« schon lange ahnte, wurde nun – vor allem durch Daniel Golemans populäres Buch »EQ – Emotionale Intelligenz« – mit akademischer Autorität bestätigt: Wie jemand in einem standardisierten Intelligenztest abschneidet, entscheidet keinesfalls über seine Erfolge oder sein Lebensglück. Geschick im Umgang mit eigenen und fremden Gefühlen ist als Garantie dafür weit geeigneter.

Alle Eltern wollen Glück und Erfolg für ihre Kinder. Die, die schon immer bereit – und zeitlich wie wirtschaftlich in der Lage – waren, dafür etwas mehr zu tun, werden sich nach der Lektüre einschlägiger Bücher und Artikel nun fragen:
Haben wir in unserer Erziehung etwas falsch gemacht? Unseren Sprößlingen zu viel Drill zugemutet? Hätte die Tochter *doch nicht* schon mit drei Jahren Geige lernen, der Sohn *doch nicht* viermal in der Woche Nachhilfe haben sollen? Ging unser Ehrgeiz in die falsche Richtung?
Vor allem aber fragen sie sich: Was können wir tun, um unsere Kinder auch im Hinblick auf diese neuentdeckte »Disziplin« Emotionale Intelligenz optimal fürs Leben zu rüsten? Kann man den richtigen Umgang mit eigenen und fremden Gefühlen trainieren? Welcher Erziehungsstil ist geeignet, um den Nachwuchs emotional fit zu machen? Oder ist Gefühlsstärke doch eher Schicksal und von der Natur so ungerecht verteilt, daß wir unbegabtere Kinder mit einem Intensivtraining nur unnötig quälen würden?

Das Buch wird Ihnen zeigen, daß diese Fragen ihre Berechtigung haben. Denn müssen Eltern nicht wirklich das Beste für die eigenen Kinder wollen? Müssen sie sich nicht überall umtun, Informationen sammeln und ihren Erziehungsstil ständig überdenken, um den werdenden Menschen, für die sie die Verantwortung tragen, den bestmöglichen Start ins Leben zu verschaffen? Dieser Anspruch gilt vor allem hier und heute, in den privilegierten Gesellschaften des ausgehenden 20. Jahrhunderts, wo Kinderwunsch eine freie menschliche Entscheidung sein *kann,* die den Eltern eine Menge Verantwortung aufbürdet!

Zugleich wird in diesem Buch allerdings auch dargelegt, daß die Fragen in dieser Form falsch gestellt sind. Sie setzen zu *spät* an – betreffen das Kind statt seine Eltern. Das tun sie ironischerweise gerade deshalb, weil sie *früh* genug ansetzen wollen, beim Heranwachsenden, der sein Leben noch vor sich hat – und der es nach dem Wunsch seiner Eltern »einmal besser haben« soll.

Doch Eltern, die bei jeder neuen pädagogischen und psychologischen Erkenntnis sofort die Frage stellen »Was bringt das *meinem Kind?*«, machen sich älter, als sie sind. Auch Erwachsene können lernen, auf der Klaviatur eigener und fremder Gefühle zu spielen. Nachlassende Fingerfertigkeit wird schließlich in solchen Fällen häufig durch erhöhte Motivation wettgemacht. Deshalb sollten sich Eltern – auch, aber nicht ausschließlich im Interesse ihrer Kinder – ab und zu noch einmal fragen: Was kann ich für *meine eigene* Entwicklung tun?

Und noch ein weiteres Anliegen hat dieses Buch: Es möchte Müttern und Vätern, diesen ewig vom schlechten Gewissen, von Versagensängsten und pädagogischem Leistungsdruck geplagten Zeitgenossen, die alt-neue Tugend der Gelassenheit ans Herz legen. Schließlich ist sie, wie schon die antiken Philosophen wußten, höchster Ausdruck dessen, was wir modern als »emotionale Kompetenz« bezeichnen könnten.

Es ist wunderbar, daß die emotionale Kompetenz nun endlich von der Psychologie gänzlich (re-)habilitiert wurde. Was wir schon immer ahnten, dürfen wir nun auch in gebildeten Gesprächen laut sagen.

Und dies mit besseren Argumenten als je zuvor. Das ist eine Erleichterung, die man nicht unterschätzen sollte.

Schwieriger gestaltet sich allerdings die Frage, welche Konsequenzen die Wiederentdeckung der wichtigen Rolle, die Gefühle für Lebensglück und -erfolg spielen, denn nun konkret für die Erziehung haben kann, soll, muß.

Denn eines ist klar: Mit den Mitteln einer herkömmlichen, ehrgeizigen »Intelligenz-Förderung« können wir den sogenannten »EQ« nicht erzwingen. »Quotient« allein ist schon ein Wort, das zu diesem Bündel menschlicher Fähigkeiten denkbar schlecht paßt! »Emotion« heißt schließlich so viel wie »Hinaus-Bewegung« und »Erschütterung«. Mag sein, daß Bewegungen, daß Erschütterungen der Seele meßbar sind. Eine Art »Richter-Skala« der Gefühle, angelehnt an die seismographischen Werte für Erschütterungen der Erdoberfläche bei Erdbeben, ist denkbar. Nur: Was ist damit gewonnen? Die Festlegung von Ist- und Soll-Werten macht nur Sinn, wenn ein gezieltes »Training« Verbesserungen verspricht. Das aber ist noch längst nicht ausgemacht.

Wahrscheinlicher ist, daß es Verluste zu beklagen gäbe, wenn der möglichst hohe »Emotionale Intelligenz-Quotient« das Ziel neuer pädagogischer Bemühungen würde. Denn es steht zu befürchten, daß dann ein weiterer Bereich menschlich-kindlicher Fähigkeiten und Reaktionsweisen durchrationalisiert, auf Leistung getrimmt und dem Wettbewerb preisgegeben wird. Zu Ballett- und Klavierunterricht, zu Judo-, Karate- und Tennistraining, zu musikalischer Früherziehung, Geigelernen nach der Suzuki-Methode, Entspannungsübungen, Nachhilfe und Legasthenikerkursen sollte nicht noch das regelmäßige Emotionstraining hinzukommen...

Da trifft es sich gut, daß dieser Versuch ohnehin aussichtslos ist. Die Sache selbst würde auf der Strecke bleiben.

Echte emotionale Kompetenz entsteht nämlich, wie gezeigt werden soll, »absichtslos«: Wenn sie von Kindern, Jugendlichen und Erwachsenen aller Generationen ge- und erlebt wird. Macht man hingegen die Emotionen allzu offensichtlich zum fast schon therapeutischen Thema von Familiengesprächen, so treten gerade ältere Kinder und

Jugendliche mit Recht in den Streik: Man merkt die Absicht und ist verstimmt... Ratgeber, die psychologischen Laien genaue Handlungsanweisungen für ihre private Gesprächsführung nach einem Zehn-Punkte-Schema geben, sind deshalb nicht ungefährlich.

Zusammenfassend sei noch einmal gesagt: Dieses Buch verspricht Ihnen weder bahnbrechende Neuigkeiten, noch hat es den Anspruch, ein vollständiges Erziehungsprogramm zu liefern. Und das ist auch gut so: Denn geschlossene Programme haben in Sachen Erziehung schon zu oft den Blick verstellt und die Sicht vernebelt. Da scheint es erfolgversprechender, genau hinzusehen, Einstellungen zu beleuchten, bescheidene Vorschläge für das Zusammenleben mit Kindern zu machen, vor allem aber Mut zum Vertrauen auf die eigene Gefühle – und genau dies geschieht in diesem Ratgeber.

I. Teil:

Gefühl-los ist Erziehung nie
Oder: Die naive emotionale Erziehung

»Das Verständnis für die Kindheit ist nicht zu verwechseln mit der Zuneigung zum Kind.« *(Philippe Ariès)*

Emotionale Zuwendung als Lebens-Mittel

»Im Augenblick seiner Geburt würde ein Kind Todesangst haben, bewahrte es nicht ein gnädiges Geschick davor, sich jener Angst überhaupt bewußt zu werden, die mit der Trennung von der Mutter und von der Existenz innerhalb des Mutterleibes verbunden ist«, so der Psychoanalytiker Erich Fromm in seinem Klassiker »Die Kunst des Liebens«. Zu einer solchen Angst hätte das Neugeborene allen Grund: Allein und ohne fremde Hilfe könnte es nicht überleben. Es braucht Betreuer, die es nähren, wärmen, vor Gefahren schützen.

Ein berühmt gewordenes Experiment, das im Mittelalter der Stauferkaiser Friedrich der Zweite angeblich anregte, um herauszufinden, ob es eine allen Menschen gemeinsame »Ursprache« gibt, zeigte sogar: Das Kind braucht zum reinen Überleben Betreuer, die mit ihm sprechen.
In jenem Versuch wurden Säuglinge von Ammen genährt und gepflegt, denen jedoch verboten war, mit den Kindern auch nur ein einziges Wort zu sprechen. Es sollte ihnen an nichts fehlen, außer an sprachlicher Zuwendung. Auf diesem Wege wollte man herausfinden, welche Sprache sie als Kleinkinder »spontan« und ohne Vorbild sprechen würden. Doch so weit kam es gar nicht, denn die Babys starben. Offensichtlich gibt es ein Mindestmaß an emotionaler Zuwendung und

Kommunikation, ohne das ein hilfloser Säugling nicht überleben kann. Dabei fehlte den Kindern wahrscheinlich nicht einmal die »Ansprache« selbst, sondern die Zärtlichkeit, die mit verbalen Äußerungen einhergeht. Denn es ist sehr unwahrscheinlich, daß sich die Ammen in dieser Beziehung natürlich und ungezwungen verhalten konnten, da sie sich doch immer bewußt *bemühen* mußten, nicht zu sprechen oder zu singen. Sie taten sich vermutlich sogar Gewalt an, um stumm zu bleiben. Unter diesem Zwang aber konnten sie nicht zärtlich sein. Mit einem Baby sprechen, es streicheln, ihm etwas vorsingen, es knuddeln und herumtragen: All das bildet eine Einheit. Wenn ein Teilstück fehlt, »funktioniert« das Ganze schlechter.

Der kleine Mensch braucht Menschen, um zu überleben. Die Menschen, die ihm körperliche und seelische Zuwendung geben, sind in den allermeisten Fällen zunächst seine Eltern. »Eltern«, so bringt es der Philosoph und Vater Dieter Thomä auf den Punkt, »haben teil an einer jahrelangen, umständlichen Initiation des Kindes ins Leben. Tagtäglich wird es in Geheimnisse eingeweiht: Wie man aus der Tasse trinkt, daß der Ball vom Sofa rollt, wie Erdbeeren schmecken, daß der Ofen heiß ist, wie man Fahrrad fährt, daß eins und eins zwei ist, wie der Kuß des Nachbarmädchens schmeckt und so weiter.« Diese Arbeit, den kindlichen Nachwuchs ins wirkliche Leben einzuführen, leisten Menscheneltern und andere Betreuer seit Hunderttausenden von Jahren. Und zwar die längste Zeit ohne die Hilfe von pädagogischen Ratgebern. »Erziehung« findet dabei immer statt, auch wenn sie nicht bewußt auf dem Programm steht. Pädagogen sprechen in diesem Fall allgemeiner von »Sozialisation«, von der Einführung des Heranwachsenden in die menschliche Gesellschaft, die durch das einfache Mit-Leben geschieht.

Als die Kinder noch einfach »mitliefen«

Diese Sozialisation nachfolgender Generationen fand jahrhundertelang gewissermaßen »nebenbei« statt. Waren die Kinder noch sehr klein, wurden sie zwar, so gut es ging – und das war je nach Gesellschaft äußerst verschieden! – genährt und betreut, sie »zählten« aber eigentlich noch nicht. Schließlich mußte man damit rechnen, daß sie schon als kleine Kinder sterben würden. Wenn man Zeit und Muße hatte, sich mit ihnen zu beschäftigen, so »hätschelte« man sie eher wie kleine Schoßhündchen. Doch als Persönlichkeiten, als menschliche Individuen, die bereits Erfahrungen machen und lernen können, betrachtete man sie nicht. So spricht zum Beispiel in Molières Theaterstück »Der eingebildete Kranke« ein Onkel von seiner erwachsenen Nichte als der »einzigen Tochter« des Bruders, obwohl dieser noch ein Kleinkind hat, das gerade beginnt, zu laufen und zu sprechen. »Denn die Kleine will ich nicht zählen«: Sie ist noch zu jung, um im Familienstammbaum einen festen Platz zugewiesen zu bekommen. Und der französische Philosoph und Schriftsteller Michel de Montaigne stellt nüchtern fest: »Ich habe zwei oder drei Kinder im Säuglingsalter verloren und dies zwar nicht ohne Bedauern, aber doch ohne Verdruß.« Er, der ansonsten gewissenhaft Tagebuch führte, kann noch nicht einmal die genaue Anzahl der Babys angeben...

Wurden die Kinder größer, wuchsen sie in den unteren Schichten so schnell wie möglich in die Arbeitswelt hinein. Ansonsten waren sie weitgehend sich selbst überlassen. In Kleidung und Lebensstil glichen sie sich den Erwachsenen an. »In der vorindustriellen Gesellschaft«, schreibt die Soziologin Elisabeth Beck-Gernsheim, »waren die Anforderungen an die Eltern weitaus geringer als heute, weil ihre Handlungsmöglichkeiten viel stärker eingeschränkt waren: Nach dem damaligen Weltbild lag die Entwicklung des Kindes vor allem in Gottes Hand.«

Doch auch als im Zuge des Zeitalters der Aufklärung das Thema Erziehung allmählich entdeckt wurde, war der Umgang mit den Kindern noch weitgehend durch Tradition und Religion festgelegt. Es gelang zum Beispiel selten und nur unter großen Opfern, die Standesbeschränkungen zu sprengen. Literarische Zeugnisse beweisen, daß einzelne, besonders begabte und sensible Kinder immer unter einer rigiden, unpersönlichen, »verständnislosen« und unterdrückenden Erziehung zu leiden hatten.

So beschreibt ein Zeitgenosse Goethes, der Schriftsteller und Pädagoge Karl Philipp Moritz (1756-93) in seinem für alle Erzieher äußerst aufschlußreichen autobiographischen Roman »Anton Reiser«, welchen Seelenqualen und Erniedrigungen ein begabtes Kind aus ärmlichen Verhältnissen ausgesetzt sein konnte, wenn es den Weg aus der Enge der Herkunftsverhältnisse suchte.

Daß eine Erziehung innerhalb der Schranken von Stand und Herkunft kindliche Talente für immer an der Entfaltung hindern kann, zeigt auch Robert Schneider in seinem historisierenden Roman »Schlafes Bruder« an der Gestalt des genialen Musikers Johannes Elias: »Die Beschreibung seines Lebens ist nichts als die traurige Aufzählung der Unterlassungen und Versäumnisse all derer, welche vielleicht das große Talent dieses Menschen erahnt haben, es aber aus Teilnahmslosigkeit, schlichter Dummheit oder ... aus purem Neid verkommen ließen.«

Der russische Schriftsteller Maxim Gorki (1868–1936) wiederum hält in »Meine Kindheit« ausdrücklich zu Nutz und Frommen späterer Erzieher fest, wie befreiend es für ein unbeachtetes, ständig »hin und her geschubstes« Kind sein kann, unverhofft einem liebevollen Erwachsenen zu begegnen, der ihn emotional prägt: »Bevor sie [die Großmutter] kam, hatte ich gleichsam im Dunkel verborgen geschlafen, ihr Erscheinen jedoch weckte mich, führte mich ans Licht, verknüpfte alles rings um mich mit einem unzerreißbaren Faden, verflocht es zu einem bunten Spitzengewebe.« Daß er einen erwachsenen Menschen fand, der ihn liebte und förderte, hält er für ein großes Wunder und keineswegs für eine Selbstverständlichkeit.

Doch sollte man auf der anderen Seite nicht vergessen, daß für die Erzieher selbst sowohl das einfache »Mitlaufen« der Kinder als auch die traditionsgebundene Erziehung der christlichen Orden und des Adels einen riesengroßen Vorteil mit sich brachte: Sie lebten meist *nicht* in dem Bewußtsein, daß von ihrer Erziehungsarbeit allein das Wohl des Kindes entscheidend abhänge. Die Bürde der Verantwortung war für diese Erzieher also bedeutend geringer als für moderne Eltern – Gott, die Tradition, das Schicksal nahmen sie ihnen ab. Moderne Eltern dagegen haben eigentlich stets das Schild »Eltern haften für ihre Kinder« vor Augen, nicht nur an gefährlichen Baustellen.

Das strenge Gebot der bestmöglichen Förderung

In dieser Beziehung geht es uns modernen Eltern also wesentlich schlechter, wie die Soziologin Elisabeth Beck-Gernsheim feststellt: »Der moderne Mensch soll sein Schicksal selbst in die Hand nehmen – und auch das seines Nachwuchses. Das Gebot der modernen Erziehungsratgeber lautet durchgängig: bestmögliche Förderung der Fähigkeiten des Kindes.« Die einzige Entlastung von der drückenden Verantwortung bieten uns theoretisch die Gene. Denn noch sind sie schließlich eine Art Schicksal. Doch solange der ewige Streit darum, welche Eigenschaften eines Menschen »vererbt« und welche »erworben« sind, nur in wenigen Teilgebieten endgültig geklärt ist, wäre es fahrlässig, sich unter Berufung auf die Erbanlagen faul im elterlichen Sessel zurückzulehnen, statt sich unermüdlich der Aufgabe »bestmögliche Förderung« zu stellen.

Erziehung ist für verantwortungsbewußte Eltern längst kein »Nebenbei« des Lebens mehr. Das hat vielerlei Gründe. Alte Gewißheiten, die sich aus Tradition und religiösem Glauben speisten, sind brüchig geworden. »Die« Wissenschaft bemüht sich nach Kräften, die Lücke zu füllen. Kinder in die Welt setzen zu wollen, ist zur bewußten Entscheidung geworden, und viele Eltern haben das Gefühl, dafür von rechts wegen zur Verantwortung gezogen werden zu können. Hinzu kommen »moderne« Erschwernisse:

- Viele Paare werden erst spät Eltern und konzentrieren sich dann auf ein einziges Kind.
- Singles nehmen die ganze Verantwortung und Erziehungsarbeit allein auf sich.
- Die Bedeutung der frühen Kindheit ist seit Sigmund Freud in aller Munde.
- Der Markt der konkurrierenden Experten in Sachen Kindererziehung ist direkt proportional zur Ratlosigkeit der Eltern gewachsen.

■ Neue Gefahren drohen dem Nachwuchs, der dank verbesserter Hygiene, Impfungen und Antibiotika die Kleinkinderzeit ungefährdet überlebt, durch den Autoverkehr, die Medien und bewußtseinsverändernde Drogen.

Der Röntgenblick ins Gehirn

Und nun kommt also, als hätten es Eltern heute nicht schon schwer genug, ein neues Gebiet hinzu, das der pädagogischen Auseinandersetzung harrt: Die Welt der Emotionen und das Geschick unserer Kinder, sich in ihr zu bewegen. Die faszinierende Disziplin der Psychoneurologie lieferte in den letzten Jahrzehnten eine Menge neuer Ergebnisse, besonders zum Aufbau dieser Gefühlsstrukturen im kindlichen Gehirn. Das wurde vor allem durch die sensationellen bildgebenden Verfahren möglich, die es erlauben, das Gehirn bei der Arbeit zu beobachten und gewissermaßen zu »photographieren«.

Im Gefüge des Gehirns, dieser im ausgewachsenen Zustand rund anderthalb Kilo Nervenzellen und Wasser, ist der sogenannte Mandelkern, die Amygdala, wie Goleman es formuliert, als »Spezialist für emotionale Angelegenheiten« identifiziert worden.

Durch die moderne Hirnforschung wurde bestätigt, wie wichtig die ersten drei bis vier Lebensjahre für die gesamte Entwicklung des Menschen sind, denn in dieser Zeit wächst das kindliche Gehirn auf etwa zwei Drittel seiner endgültigen Größe an und nimmt an Komplexität schneller zu, als es je wieder der Fall sein wird. Und beileibe nicht alles, was sich in dieser Zeit im Kopf des Heranwachsenden entwickelt, ist genetisch schon vorherbestimmt. Die Strukturen und Verknüpfungen wachsen *vor allem* so und nicht anders aufgrund von Erfahrungen, die in diesen ersten Jahren gesammelt werden. Der spanische Neuroanatom Ramon y Cajal bezeichnete deshalb schon vor längerer Zeit in einem aussagekräftigen Bild die Erfahrung als die »Gärtnerin im Gehirn«: Sie stutzt, hegt und pflegt die Nervenzellen wie Pflanzen.

Aber auch unabhängig von diesem neuen neurologischen Beweismaterial, das sich auf Erkenntnisse über das Funktionieren des Gehirns stützt, hat die Psychologie in den letzten Jahrzehnten Material in Sachen »Erziehung der Gefühle« zusammengetragen.

Das Urerlebnis der Zweisamkeit

Zu Beginn dieses Kapitels war von der Angst die Rede, die das Neugeborene eigentlich haben müßte, wenn es sich seine ausgelieferte Lage klar machen würde. Im Uterus war es noch »eins« mit der Mutter, sie konnte im Normalfall gar nicht anders, als es einigermaßen angemessen zu versorgen. Aus dieser Einheit ist nun eine Zweiheit geworden, die »Mutter-Kind-Dyade«, wie Psychoanalytiker sie nennen.

Was das Kind der erwachsenen Bezugsperson – die nicht immer die Mutter sein muß – entgegenbringt, nennt der Psychoanalytiker Erik Erikson »Urvertrauen«. Poetischer spricht Michael Balint von der »primary love« des Kindes zur Mutter. Während Sigmund Freud noch davon ausging, daß das Kind in den ersten Lebensmonaten noch nicht zu menschlichen Beziehungen fähig sei, sondern in einer narzißtischen, selbstbezogenen Phase verharre, sind heute immer mehr Psychoanalytiker der Ansicht, daß es von Geburt an eine zwar noch primitive, aber doch echte Beziehung zu seinen Mitmenschen aufnimmt. Das Neugeborene hat schon in den allerersten Lebenstagen ein beachtliches Programm an Aufgaben zu bewältigen:

- Es muß lernen, daß seine Bedürfnisse notwendigerweise nicht sofort und im Moment ihres Entstehens befriedigt werden können,
- daß es getrennt ist von seinen Bezugspersonen,
- daß es Kontakt aufnehmen kann,
- daß die vorgeburtliche Einheit durch Beziehungen abgelöst wurde, die getrennte Individuen miteinander eingehen.

Auch wenn das Kind dies alles nicht »bewußt« realisiert, hat es mit der Verarbeitung dieser Umstellung eine Menge zu tun. Wie behutsam der wesentlich erfahrenere Partner den naiven Neuling in die Liebe einführt, ist für dessen spätere Beziehungsfähigkeit deshalb von entscheidender Bedeutung. Einen Säugling kann man noch nicht »ver-

wöhnen«. Er braucht die Gewißheit, daß seine engsten Bezugspersonen »immer verfügbar« sind. Erst ein Kleinkind kann lernen, daß Eltern und Geschwister, die sich morgens verabschieden, mittags oder
abends zuverlässig wiederkommen werden.

Das müssen eines Tages auch die Eltern lernen: Zum Beispiel, wenn
ihr Kindergartenkind zum ersten Mal bei Freund oder Freundin
übernachten will.

Die dreijährige Fiona zum Beispiel hat in ihrem kurzen Leben schon
Hunderte von Nächten hinter sich, die sie teilweise im elterlichen
Ehebett verbrachte. Sie galt als typische »Ritzenschläferin«, bis sie ei-
nes Tages den Wunsch äußerte, bei ihrem neuen Kindergartenfreund
Max übernachten zu dürfen. »Du hast ja noch Papa«, tröstete sie um-
sichtig ihre verblüffte Mutter.

Das Urerlebnis der Zweisamkeit wird allmählich abgelöst durch vielfältige soziale Beziehungen, die Bedeutung des anfangs absolut privilegierten Kontaktes zu den Eltern nimmt langsam ab.

Alles in allem bedeutet dies, daß die Anforderungen an Erziehungspersonen recht beträchtlich sind: Zuerst soll man rund um die Uhr
verfügbar sein, doch schon vier bis fünf Jahre später gilt man als
»overprotective«, wenn man den Sprößling wenigstens über Nacht
bei sich haben möchte. Verschiedenen Untersuchungen zufolge haben Mütter, wie Margarete Mitscherlich betont, zudem noch mehr
Schwierigkeiten, »auf die altersentsprechenden Trennungswünsche
ihrer Töchter einzugehen als auf die ihrer Söhne«. Den goldenen
Mittelweg zwischen Überbehütung und Vernachlässigung zu finden,
ist vor allem deshalb so schwer, weil sich nicht nur die gesellschaftlichen Maßstäbe, sondern auch die Kinder ständig verändern. Das
fordert Eltern ein Höchstmaß an Flexibilität ab. Doch billiger ist das
(Gefühls-)Leben mit Kind.

Schwierige Liebe

»Die Mutterliebe für das heranwachsende Kind, die Liebe, die nichts
für sich selbst will, ist vielleicht die schwierigste Form der Liebe, die

es überhaupt gibt«, so behauptet der Psychoanalytiker Erich Fromm in seinem Buch »Die Kunst des Liebens«, das in den 70er Jahren ein echtes Kultbuch war. Wer von der unreflektierten emotionalen Beziehung zum bewußten Umgang mit den eigenen Gefühlen kommen will, muß es unbedingt aus dem Regal holen! An einem Wort wie »Mutterliebe« sollte man sich dabei nicht stören: Es kann stellenweise getrost mit »Elternliebe« oder »Vaterliebe« gleichgesetzt werden.

Mutterliebe, so Fromm, ist für das Kind wie Milch und Honig, sie macht nicht nur satt, sondern steckt auch an mit Liebe zum Leben. Doch die Mutter (der Vater) liebt das Kind nicht ausschließlich selbstlos: Sie erlebt es unter Umständen als Teil von sich selbst. Das heißt, ihre Liebe ist narzißtisch:

- Sie liebt einen Schwächeren, Abhängigen – und liebt so vielleicht die Macht, die sie ausüben kann.
- Sie fühlt sich vielleicht als Schöpferin – und hat so eine Möglichkeit, ihr kleines, vergängliches Leben zu transzendieren.

So aufopfernd Eltern in diesem Stadium auch wirken mögen und tatsächlich sind: Ihre eigentliche Bewährungsprobe kommt erst noch: »Das eigentliche Wesen der Mutterliebe liegt darin, für das Heranwachsen des Kindes zu sorgen, und das bedeutet, auch für die Trennung von Mutter und Kind.«

Ein Plädoyer für die Achtsamkeit

Muß man »Die Kunst des Liebens« durchgearbeitet haben, um lieben zu können? Scheiterten Romanhelden wie Anna Karenina oder Doktor Schiwago, weil sie Erich Fromm nicht kannten? Wieviele Erziehungsratgeber muß man gewissenhaft studiert haben, um mit einiger Aussicht auf Erfolg ein Kind großzuziehen? War Evas und Adams eigentlicher Fluch, daß sie aus dem Paradies vertrieben wurden, ohne für ihren Umgang mit Kain und Abel genaue Anweisungen in Form eines Elternhandbuches mit auf den Weg zu bekommen?

Hätten sie es denn gelesen?

Der Verdacht liegt nahe, daß das der springende Punkt sein könnte: Interesse, Aufmerksamkeit, der Wunsch, genauer hinzuschauen und mehr zu wissen.

Unsere Situation ist anders als die von Adam und Eva. Das verpflichtet zwar niemanden, in jeder Saison zwanzig Neuerscheinungen zum Thema Kindererziehung zu lesen und sich ob seiner pädagogischen Unzulänglichkeit jahrelang selbst zu zerfleischen. Nur: So ganz »nebenbei« dürfen wir unter diesen veränderten Umständen unsere Kinder auch nicht mitlaufen lassen.

Die neu-alte Tugend könnte **Achtsamkeit** heißen. Das ist mehr als Aufmerksamkeit, es ist Achtung, also Respekt. **Acht geben** kann man nur auf etwas oder jemanden, das oder der zwar getrennt, aber in der Nähe existiert. Auf ein Eigenleben ganz in der Nähe.

Was wir ohnehin tun (müssen), könnte dann wacher, bewußter, konzentrierter und nicht zuletzt selbstkritischer geschehen. Den Luxus sollte man sich heute leisten.

2. Teil:

Die Entdeckung des »EQ« und ihre mutmasslichen Folgen
Oder: Banales und Bahnbrechendes

»Wir verlassen uns auf das, was die Experten sagen. Auf wen soll man sich sonst verlassen?«
(Theo Waigel)

Die »Emotionale Intelligenz« schaffte es bis in die Bestsellerlisten. Das 1995 in den USA und kurz darauf auch in Deutschland erschienene Buch des amerikanischen Psychologen und Journalisten Daniel Goleman machte und macht Furore. Was verbirgt sich hinter diesem Titel? Und welchen Einfluß soll, kann und muß er auf die Erziehung von zukünftigen Generationen nehmen?

Erfolg im Leben, so die Grundaussage Golemans, ist nicht nur von den Fähigkeiten und geistigen Kapazitäten abhängig, die in den üblichen Intelligenztests gemessen werden, sondern zu einem großen Teil von unserer Art, mit eigenen und fremden Emotionen umzugehen.

Was »Emotionen« für ihn genau sind, definiert er allerdings nicht. In der deutschen Übersetzung erscheinen sie zudem deckungsgleich mit »Gefühlen«.

Auf der Suche nach einer plausiblen Begriffsbestimmung fällt auf, daß die Fachleute es sich nicht leicht machen: Der deutsche Emotionspsychologe Lothar Schmidt-Atzert etwa bietet vorsichtig nur eine »Arbeitsdefinition« an, derzufolge »eine Emotion ein qualitativ näher beschreibbarer Zustand« ist, der »mit Veränderungen auf einer oder mehreren der folgenden Ebenen einhergeht: Gefühl, körperlicher Zustand und Ausdruck«. Emotion meint also mehr als Gefühl: Sie ist Gefühl, das sich zeigt. Emotionale Intelligenz wäre demnach die be-

sondere Fähigkeit, eigene und fremde Gefühle an bestimmten An-
zeichen zu erkennen und mit ihnen angemessen umzugehen.
Goleman versteht seine Rolle als die eines Führers auf einer Reise:
»Die Reise hat zum Ziel, daß wir verstehen, was es heißt und wie
man es anstellt, intelligent mit Emotionen umzugehen.« Er führt uns
durch die Anatomie und Geschichte des menschlichen Gehirns, beweist anhand eindrucksvoller Beispiele, wie Gefühle und »kaltes«
analytisches Denken bei gesunden Menschen Hand in Hand arbeiten
können und was passiert, wenn wichtige Gehirnverbindungen durch
Krankheiten gekappt werden, so daß zum Beispiel die für unser Denken notwendigen Gefühle einfach fehlen. Er zeigt, daß Emotionen unserem Erfolg manchmal in die Quere kommen, ihn in vielen Fällen
aber entscheidend ausmachen. Und er macht deutlich, daß der intelligente Umgang mit Emotionen zwei Anwendungsgebiete kennt: das
Erkennen und Steuern der eigenen Gefühle und die Sensibilität und
das Geschick im Umgang mit denen der Mitmenschen. Schließlich
widmet Goleman ein kurzes Kapitel auch den Konsequenzen, die solche neurobiologisch und empirisch fundierten Einsichten für die Erziehung von Kindern und Jugendlichen in Elternhaus und Schule haben müßten.

Es gibt ein Leben nach dem Schulerfolg

Daß klassische Intelligenztests nur eine beschränkte Aussagekraft haben, wird von Psychologen und Pädagogen schon seit vielen Jahren
betont. Schon die Form, in der sie durchgeführt werden, schafft vollendete Tatsachen: Wer mit Papier und Bleistift geübt umgehen kann,
wird sich von vorne herein leichter tun, die Aufgaben zu bewältigen
als jemand, der eher gewöhnt ist, Probleme zu lösen, die sich im wirklichen Leben stellen. Logisch-mathematisches, räumliches und sprach-
lich-linguistisches Denken sind für das Ergebnis eines Intelligenztest
ausschlaggebend.
Und wenn es darum geht, Aussagen über den voraussichtlichen
Schulerfolg zu machen, sind diese seit Beginn unseres Jahrhunderts

besonders in den USA sehr verbreiteten Tests relativ zuverlässig. Denn sie befassen sich genau mit den Fähigkeiten, die eine solide Basis für gute Schulnoten bilden. Wenigstens in Schulen, die die oben genannte Talente besonders fördern. Intelligenztests und schulische Intelligenz schmoren hier gewissermaßen im eigenen Saft.

Das Leben spielt sich allerdings bekanntermaßen vorwiegend außerhalb von Schulen ab. Die wenigsten Schulabsolventen schlagen zielstrebig den Weg zur Karriere als Universitätsprofessor ein. (Und sogar an den meisten universitären Arbeitsplätzen zählen Fähigkeiten, die der IQ nicht erfaßt.) Intelligenztests, die die Bewährung und den Erfolg im Leben voraussagen wollen, müßten, so fordern die Kritiker des IQ-Fetischismus seit langem, also andere Dinge testen. Und Schulen, die auf Erfolg in diesem »wirklichen Leben« adäquat vorbereiten wollen, müßten, so fügen Pädagogen hinzu, andere Unterrichtsfächer, vor allem aber andere Unterrichtsverfahren und eine andere Form der Leistungsmessung anbieten.

Gibt es den EQ?

Kann man, in Analogie zum IQ, einen »EQ«, einen Emotionalen Quotienten, ermitteln?

Zunächst stellt sich die Frage, ob die Abkürzung nicht unglücklich gewählt ist. Ist es logisch, daß ausgerechnet das »I« verschwindet, wo doch die Entdecker der Emotionalen Intelligenz mit Recht so großen Wert darauf legen, daß es sich um eine bisher nicht beachtete Form der **Intelligenz** handelt? Gerade Theoretiker, die sich dagegen wehren, Intelligenz eindimensional nur als Fähigkeit zum logisch-rationalen Denken zu betrachten, sollten das »I« vor dem »Q« nicht vorschnell aufgeben. So ist allenfalls ein »Emotionaler Intelligenz-Quotient« (EIQ), keinesfalls aber einfach ein »Emotionaler Quotient«(EQ) zu messen. Es geht ja nicht um Abschied von der Intelligenz, sondern um die Kritik an einem allzu engen Begriff von ihr. Da sollte man nicht das Kind mit dem Bade ausschütten und den Begriff gleich ganz weglassen.

Doch weiter: Kann die menschliche Fähigkeit zum Umgang mit Emotionen überhaupt gemessen werden? Kann ein Quotient, also eine Zahl, die das Ergebnis einer Division bildet, dazu ermittelt werden? Sind Gefühle, eine Qualität des menschlichen Lebens, quantifizierbar? Und wenn man den Versuch wagen sollte: Scheitert er nicht schon an der Tatsache, daß Emotionale Intelligenz mehrere Ebenen umfaßt: die Fähigkeit zur Innenschau und die Einfühlsamkeit in fremde Gefühle? Würde ein einheitlicher Test nicht alles über einen Kamm scheren und nur fade Mittelwerte erbringen?

Ein kleiner Test, den Goleman über Internet anbietet, steht jetzt auch in einer deutschen Version zur Verfügung. (Siehe im Literaturverzeichnis den Titel von Märtin/Boeck.) Aber es ist die Frage, ob er wirklich Emotionale »Intelligenz« testet oder nicht eher psychologisches Vorwissen und langjährige Erfahrung.

Ein Beispiel:

Frage 6 lautet: »Ein Streit zwischen Ihnen und Ihrem Partner ist eskaliert. Sie sind beide sehr erregt und attackieren sich mit unsachlichen Vorwürfen. Wie verhalten Sie sich am besten?

a. Sie einigen sich auf eine Pause von zwanzig Minuten und diskutieren dann weiter.

b. Sie hören auf zu streiten – und sagen überhaupt nichts mehr.

c. Sie sagen, es tue Ihnen leid, und bitten Ihren Partner, sich auch zu entschuldigen.

d. Sie nehmen sich zusammen, denken kurz nach und legen dann Ihre Sicht der Dinge dar, so gut Sie können.«

Richtig ist Antwort a., für alle anderen gibt es 0 Punkte. Aber hätten Sie die Begründung gekannt?

»Eine Streitpause von zwanzig Minuten oder mehr empfiehlt sich, weil es so lange dauert, bis sich der Körper wieder abregt.«

Wer das von klein auf richtig macht, muß ein Genie sein. (Aber wäre es dann überhaupt zur Eskalation des Streits gekommen?) Daß es emotionale Begabung (und ihr Gegenteil) geben kann, soll hiermit nicht bestritten werden. Weit mehr als bei den abstrakten Aufgabenstellungen der herkömmlichen Intelligenztests ist es hier jedoch die Frage, ob diese Begabung unabhängig von der Lebenserfahrung und dem Vorwissen des Kandidaten getestet werden kann. Mit anderen Worten: Erfaßt der Test nicht eher erworbene Fähigkeiten als freischwebende »Begabung«? Wenn ja, dann würde er nichts darüber aussagen, wie schwer der Kandidat sich damit tat, diese Kompetenz zu erlangen und auf welchen Umwegen, mit wieviel Investition von Lebenskraft und »Lehrgeld« ihm dies gelang. Um das zu erfahren, brauchten wir differenzierte Einzeltests, die sich nach Altersstufen und Familienstand richten.

So aber gleicht der Test eher einer Führerschein-Prüfung: Die Prüfung soll etwas über die Fähigkeiten am Stichtag X aussagen, kann allerdings keine Auskunft darüber geben, wie »begabt« der Anwärter fürs Autofahren tatsächlich ist. Der eine braucht vierzig, der andere vielleicht nur ein Minimum von zehn Stunden, bis er ans Prüfungsziel gelangt. Interessant ist für den Prüfer nur das Ergebnis, sei es durch Fleiß oder durch Genialität zustande gekommen. Wieviele Fahrstunden der Kandidat genommen hat, bevor er zur Prüfung antrat, weiß der Prüfer höchstwahrscheinlich gar nicht.

Auch die EQ-Tester haben in dieser Hinsicht keine Vorinformation. Sie wissen nicht, wie viel Lebenserfahrung und fachpsychologische Bildung ihre Kandidaten jeweils mitbringen. Deshalb ist der Rat auch durchaus nachvollziehbar (und unterstützenswert), der Testkandidaten, die weniger als 60 Punkte erreicht haben, am Ende gegeben wird: »Sie sollten dieses Buch auf jeden Fall lesen – im Gegensatz zum IQ läßt sich der EQ relativ leicht verbessern!«.

Eine ähnliche Funktion haben auch die kürzlich erschienenen Tests von Siegfried Brockert und Gabriele Braun und die Einstufungstests im Buch von John Gottman: Der Leser kann seinen aktuellen Wissensstand, sein derzeitiges psychologisches Geschick testen und anschließend »trainieren« und verbessern, indem er die Ratschläge der Autoren liest oder sich die richtigen Lösungen zu Gemüte führt. Doch hier folgt schon wieder ein Aber: Ist etwas, das sich verbessern läßt, nicht eher eine **Kompetenz** als eine Intelligenz?

Trau keinem Wort!

Die Sache wird kompliziert. Einige Überlegungen eines anderen amerikanischen Psychologen, auf dessen Arbeiten zum Beispiel Golemans
Buch zu großen Teilen aufbaut, können vielleicht weiterhelfen.
Schon 1985 nahm Howard Gardner »Abschied vom IQ« – aber
glücklicherweise nicht von der Intelligenzforschung! »Es ist eine uni-
versale Eigenschaft von uns Menschen«, so warnt er seine Leser, »einem Wort zu vertrauen, an das wir uns gewöhnt haben; vielleicht,
weil es uns geholfen hat, eine Sache besser zu verstehen. Wie bereits
angemerkt, ist *Intelligenz* ein solches Wort; wir benutzen es so oft,
daß wir an die Existenz dessen glauben, was es zu bezeichnen vor-
gibt; eine berührbare, meßbare Entität statt einer bequemen Methode, Phänomene mit einem Etikett zu versehen, die existieren können,
aber nicht müssen.«
Gardner benutzt das Etikett »Intelligenz« trotz seiner offensichtlichen Skepsis – aber er tut dies vor allem, weil er sich so innerhalb
der fachlichen und öffentlichen Diskussion besser verständlich machen kann. Denn sein Anliegen ist es, dieses »Phänomen«, das er
manchmal auch »intellektuelle Kompetenz« nennt, nicht auf den engen Sektor des klassischen IQ zu reduzieren. Er könnte sich, so sagt
er ausdrücklich, auch eine andere Bezeichnung für »Intelligenz« vorstellen, etwa den weit harmloseren Begriff »Talent«. Dann sollte aber
auch der mathematisch Begabte als »talentiert« und nicht automatisch als »intelligent« bezeichnet werden.
Gardners wichtigste Botschaft lautet: Es gibt nicht eine, sondern
mehrere Intelligenzen. Und keine von ihnen ist von vorne herein
wichtiger oder edler als die anderen. Sein Abschied vom IQ ist also
eigentlich ein Abschied vom **Einheits-IQ.** Denn der Mensch verfügt,
und dafür führt Gardner eine Menge vorläufiges Beweismaterial an,
über verschiedene voneinander unabhängige intellektuelle Kompetenzen, die beim Einzelnen ganz verschieden stark ausgeprägt sein
können. Fällt eine dieser »Intelligenzen« durch eine neurologische
Erkrankung oder einen Unfall weg, so hat das in vielen Fällen keinen
Einfluß auf die anderen, die sich eben dadurch als unabhängig er-

weisen. Um eine solche Einzel-Intelligenz oder »intellektuelle Kompetenz« in Gardners Konzept zu sein, muß eine Fähigkeit zwei Bedingungen erfüllen:

Sie muß erstens ihre Unabhängigkeit von den anderen Intelligenz-Bereichen, zweitens aber auch ihren eigenständigen Wert bei der Lösung und Entdeckung von Problemen und Schwierigkeiten des Lebens beweisen. In welchem Maße sie trainierbar oder aber genetisch festgelegt ist, ist dagegen für ihre Mitgliedschaft im Club der Einzel-Intelligenzen unwesentlich.

Damit wäre die oben gestellte Frage beantwortet: Emotionale Fähigkeiten können als »Intelligenz« zusammengefaßt werden, wenn sie von anderen Einzel-Intelligenzen unabhängig sind und eigenständige Lösungswege anbieten. Ob man sie trainieren kann oder nicht, ist dagegen für die Definition zunächst gleichgültig.

Mit aller Vorsicht grenzt der Psychologe schließlich sechs Intelligenzen voneinander ab:

- Linguistische Intelligenz
- Musikalische Intelligenz
- Logisch-mathematische Intelligenz
- Räumliche Intelligenz
- Körperlich-kinästhetische Intelligenz
- Personale Intelligenzen

Zur linguistischen Intelligenz zählen alle sprachlichen Fähigkeiten, der verfeinerte Umgang mit der Muttersprache ebenso wie die Fähigkeit zum Erlernen von Fremdsprachen. Ihre Verkörperung ist der Dichter.

Die musikalische Intelligenz, die Gardners Ansicht nach am frühesten sichtbar wird, will er wegen ihrer besonderen Beziehung zum Leben von der mathematisch-logischen trennen, mit der sie früher gern in Verbindung gebracht wurde.

Dafür gehört naturwissenschaftliche Begabung zur logisch-mathematischen Intelligenz, obwohl sich das Interesse der Naturwissenschaften im Gegensatz zu dem abstrakten der Mathematik auf ein materielles Gebiet erstreckt. Maßgeblich ist allein die Art der Problemlösung.

Die räumliche Intelligenz ist die Domäne sowohl der bildenden Künstler als auch der Architekten.

Körperlich-kinästhetische Intelligenz zeigt sich im Tanz, im Sport, in der Anmut alltäglicher Bewegungen und Berührungen.

Die personalen Intelligenzen: Unabhängige Traumpartner

Zu diesen fünf Intelligenzen gesellt sich als sechste eine Art Doppel-Intelligenz, und Gardner ist nicht ganz sicher, ob er die zwei personalen Intelligenzen überhaupt miteinander verknüpfen sollte. Denn sie haben gewissermaßen verschiedene Zuständigkeitsbereiche.

Da ist zuerst die sogenannte **intrapersonale** Intelligenz: »Intra« steht für »innerhalb«, sie ist also für das Innere ihres Inhabers zuständig und verschafft ihm Zugang zum eigenen Gefühlsleben. Ist sie nur rudimentär vorhanden, so kann sie nicht mehr, als zwischen Lust und Unlust zu unterscheiden. Haben Menschen sie aber weiter vervollkommnet, so können sie ihre Stimmungen früh erkennen und bewußt steuern, statt ihnen ausgeliefert zu sein. Zu ihrer höchsten Blüte kommt die intrapersonale Intelligenz in Kulturleistungen wie Sigmund Freuds Entwicklung der Psychoanalyse oder Marcel Prousts autobiographischem Roman »Auf der Suche nach der verlorenen Zeit«.

Die Perfektion der Sicht nach innen ist kulturabhängig: Es kann kaum Zufall sein, daß das Europa der letzten Jahrhundertwende so viele Genies der kultivierten Innenschau hervorbrachte. Ihre Blütezeit hat sie in Gesellschaften, die dem Individuum große Bedeutung zumessen. Sie setzt außerdem einen Lebensstandard voraus, der Raum für die zeitintensive Innenschau läßt.

Die zweite im Bunde ist die sogenannte **interpersonale** Intelligenz: »Inter« steht für »zwischen«, sie ist also dafür zuständig, was zwischen verschiedenen Personen geschieht. Wer interpersonal intelligent ist, hat besonders gute Antennen für die Gefühle seiner Mitmenschen und kann die Kommunikation mit ihnen deshalb besonders erfolgreich gestalten. Für diese Form der Intelligenz hat sich auch der Begriff »soziale Kompetenz« eingebürgert. Auch die Art der Gestaltung interpersonaler Fähigkeiten und ihre Wertschätzung innerhalb der Gesellschaft ist kulturabhängig.

Wir haben es also mit zwei deutlich voneinander getrennten Kompetenzen zu tun, die unter dem »personalen« Dach zusammengefügt sind. Sie haben nämlich nicht nur verschiedene Zuständigkeitsbereiche, sondern sind nachweisbar im Gehirn auch in getrennten Strukturen repräsentiert. So gibt es Berichte über Krankheiten oder Unfälle, bei denen nur eine der beiden Kompetenzen beeinträchtigt wurde, die andere dagegen intakt blieb. Außerdem kennt wahrscheinlich jeder von uns Menschen, die ihre eigene Befindlichkeit äußerst sensibel wahrnehmen und auf Kritik mimosenhaft reagieren, im Umgang mit anderen aber zu wahren Trampeln werden können. Solche Genies der intrapersonalen Intelligenz kennen im Extremfall nur eine Person: die eigene.

Umgekehrt gibt es Altruisten, die bei größter Sensibilität für die Bedürfnisse und Gefühlsregungen anderer die eigene Gefühlswelt ihr Leben lang als unentdecktes Land in sich tragen.

Doch normalerweise treten beide Formen der personalen Intelligenz gemeinsam auf. Die Innenschau perfektioniert sich von klein auf im Vergleich mit den anderen. Und umgekehrt ist es in vielen Lebenssituationen durchaus angemessen, von sich wiederum auf die anderen zu schließen.

Noch in anderer Hinsicht bilden die personalen Zwillinge eine Ausnahme im Chor der Intelligenzen: »Während die Entscheidung, ob jemand seine musikalische Intelligenz einsetzt oder nicht, kaum beachtet wird, legt die Gesellschaft großen Wert auf die Nutzung der personalen Intelligenz. Individuen, die nicht versuchen, ihr Verständnis des persönlichen Bereichs zu ihrem eigenen Wohlergehen oder in ihrer Beziehung zur Gesellschaft zu entfalten, bilden die Ausnahme.« Unsportlich zu sein oder »nicht singen zu können«, nimmt mancher gelassen hin. Es ist dagegen ausgesprochen unüblich, sich selbst gelassen als »un-gefühlig« zu bezeichnen. Und es wäre schon beinahe

schockierend, wenn jemand einfach feststellte: »Ich kenne meine Gefühle nicht und komme nicht an die der anderen heran« – und es
dann bei der Feststellung beließe. Es gibt wohl auch kaum jemanden,
der nicht beleidigt reagieren würde, wenn andere ihn als unsensibel
bezeichnen. Denn die personalen Fähigkeiten gelten als elementar.

Daß sie in den Rang von »Intelligenzen« erhoben wurden, verdanken
sie Gardners Kritik am engen Intelligenz-Begriff der IQ-Tests. Daß
jedoch eine breitere Öffentlichkeit darauf aufmerksam wurde, wie
bedeutsam intrapersonale und interpersonale Intelligenz für den
Lebenserfolg sind, verdanken sie ihrem neuen gemeinsamen Familiennamen »Emotionale Intelligenz«, den die amerikanischen Psychologen John Mayer und Peter Salovey 1990 prägten, und unter dem sie
durch Golemans Bestseller bekannt wurden.

Um die Bedeutung klarzumachen, die die beiden personalen Intelligenzen für die Erziehung haben, zitiert Goleman nachdrücklich seinen Vorreiter Gardner: »Viele, die einen IQ von 160 haben, arbeiten
für Leute mit einem IQ von 100, wenn die ersteren eine geringe und
die letzteren eine hohe intrapersonale Intelligenz haben. Und im Alltag ist keine Form der Intelligenz so wichtig wie die interpersonale.
Wer sie nicht hat, trifft keine gute Wahl, was den Ehepartner, den Beruf und dergleichen angeht. Wir müssen die Kinder in der Schule in
den Formen personaler Intelligenz ausbilden.«

Personale Intelligenz – Mittel zum Zweck?

Darüber, daß personale, emotionale Kompetenzen verbessert und
perfektioniert werden können, besteht unter den Wissenschaftlern,
die sich mit dem Thema beschäftigen, kein Zweifel. Als Psychologen
haben sie sich jedoch bisher eher beiläufig damit beschäftigt, wie und
wo das genau geschehen könnte.

Mit diesen Fragen werden wir uns in den folgenden Teilen des Buches
befassen. Doch zuvor stellt sich eine weitere, viel grundlegendere
Frage. Sie hört sich – allerdings nur auf den ersten Blick – ein wenig
einfältig an. **Warum** eigentlich sollten wir unsere Kinder in den

Formen Emotionaler Intelligenz ausbilden? Daß es machbar ist, reicht als Begründung schließlich nicht aus. Es muß auch wünschenswert sein.

Was Gardner erkannt hat, legt Antworten nahe. Zum Beispiel:

Weil Menschen, die einen IQ von nur 100 haben, Chefs von Superhirnen mit einem IQ von 160 sein können, wenn sie ihnen in puncto Emotionaler Intelligenz überlegen sind. Aber ist das eine Antwort? Wollen alle Eltern ihre Kinder zu potentiellen Chefs erziehen? Und sollten sie das wollen? Eltern stehen heute, wie die Soziologin Elisabeth Beck-Gernsheim feststellt, unter dem »kulturell vorgegebenen Druck«, möglichst alle Anlagen ihres Kindes optimal zu entwickeln.

Die logisch-mathematischen und sprachlichen Fähigkeiten werden tunlichst im Gymnasium, notfalls mit Hilfe von Nachhilfelehrern, gefördert.

Der musikalischen Intelligenz nimmt sich der Klavierunterricht, zunehmend aber auch der frühe Geigenunterricht nach Suzuki an.

Die räumlichen Fähigkeiten werden von klein auf im Malstudio gefördert, die körperlich-kinästhetischen beim Fußball, Judo und Ballett. Dies alles gibt den Erziehungsberechtigten, in erster Linie meist den Müttern, mittlerweile reichlich Gelegenheit, ihre Fähigkeiten im Führen von Personenkraftfahrzeugen zu trainieren, denn die hoffnungsvollen Träger der multiplen Intelligenzen können die hochspezialisierten Orte ihrer Förderung meist noch nicht allein aufsuchen.

Sollen nun wegen der dadurch steigenden Chancen, später in Führungspositionen aufzusteigen, in Zukunft auch die emotionalen Fähigkeiten einer gesonderten Förderung unterzogen werden? »Mein Kind soll einmal Chef werden« kann doch wohl kaum als sinnvolles, allgemeines Erziehungsziel erscheinen! Wie immer man »Erfolg« im Leben definieren mag: An berufliche Führungspositionen allein kann er doch nicht gebunden sein. Das würde Erfolg von vorne herein für wenige privilegierte Menschen reservieren. Außerdem ist die Richtigkeit der Gleichung »hoher EQ = Karriere« doch stark anzuzweifeln, solange an vielen Orten das Wirken gefühlsdefizitärer und neurotischer Chefs zu beklagen ist! Denn gerade beruflicher Erfolg hat heute häufig noch derart hohe emotionale Kosten, daß viele sensible und sozial denkende Menschen vor einem zielstrebigen Erklimmen der Karriereleiter zurückschrecken.

Gardner liefert jedoch eine zweite Begründung dafür, daß es sich lohnt, die personalen Intelligenzen zu fördern:

Man kann ohne gutausgebildete Emotionale Intelligenz im Leben keine kluge Wahl treffen. Man wird sich nicht für den passenden Beruf entscheiden und kein Gespür in der Partnerwahl entwickeln.

Wenn diese Annahme stimmt, so wird hier ein Grund für die Erziehung zum richtigen Umgang mit Gefühlen erkennbar, der stichhaltiger ist:

Die Fähigkeit, in entscheidenden Lebensphasen die richtige Wahl zu treffen, ist für das **Glück** und die **Zufriedenheit** eines Menschen entscheidend. Umgekehrt kann es mit viel Leid verbunden sein, eine falsche menschliche oder berufliche Wahl revidieren zu müssen. Wenn Eltern es ihrem Kind ersparen wollen, mehrmals im Leben vor einem Scherbenhaufen zu stehen, haben sie also mehr als die Befriedigung eines persönlichen Ehrgeizes im Sinn. Es geht ihnen darum, ihren Nachkommen das Rüstzeug für ein ausgefülltes und passendes Leben mitzugeben – und nicht nur darum, daß sie selbst mit der Partnerwahl des Sohnes einverstanden sind oder daß sie mit der beruflichen Position der Tochter renommieren könnten.

Wenn die Förderung der Fähigkeiten, die unter dem Familiennamen »Emotionale Intelligenz« zusammengefaßt wurden, zugleich eine Förderung der Chancen des Kindes bedeutet, ein glückliches Leben zu führen – und dafür läßt sich, wie wir sahen, einiges ins Feld führen –, dann gibt es einen guten Grund, sie ernstzunehmen. Denn wer wirklich das Beste für den eigenen Nachwuchs will, muß ihn eines Tages frei entscheiden lassen, was dieses Beste für ihn persönlich ist. Emotionale Intelligenz könnte Töchter und Söhne dazu befähigen.

Interessant ist in diesem Zusammenhang, daß die Ziele, die Erwachsene für Kinder im Auge haben, in Deutschland neuen Untersuchungen zufolge noch deutliche Ost-West-Unterschiede erkennen lassen:

So ergab eine Potsdamer Studie, daß Brandenburger Kindertagesstätten-Erzieherinnen gegenseitige Rücksichtnahme, Respekt, liebvollen

Umgang miteinander und Glück als Erziehungsziele für ihre Sprößlinge nennen. Kindergärtnerinnen, die in Nordrhein-Westfalen und
Bayern befragt wurden, betonten dagegen eher Aspekte wie Lei-
stungsbereitschaft und Konfliktfähigkeit. Man kann sicher davon ausgehen, daß all diese Erzieherinnen das Wohl ihrer Schützlinge im
Auge haben. Doch man kann sich durchaus darüber streiten, worin
dieses Wohl vorrangig besteht. Der Schauspieler Armin Mueller-Stahl,
der in dem Film »Shine« einen ehrgeizigen Vater spielt, der seinen
Sohn zur Pianisten-Karriere drängt, wünscht sich zum Beispiel für
seinen eigenen Sohn, »daß er sich mal ein bißchen entspannt und den
blauen Himmel ansieht. Er ist 22 und sehr auf sein Ziel konzentriert –
zu sehr, wie ich finde. Leben kann so viel mehr sein als den Erwartungen des Systems zu folgen«. Er bedauert die Erfolgsorientiertheit unserer Zeit: »Diese Herzlosigkeit macht mich manchmal sehr traurig.«
Sicher, man kann darüber streiten, ob diese Diagnose zutrifft. Aber
man sollte zumindest darüber nachdenken.

Ein Plädoyer für Mißtrauen

»Wir verlassen uns auf das, was die Experten sagen. Auf wen soll
man sich sonst verlassen?«
Wenn es um Konjunkturfragen geht, hat Theo Waigel vielleicht
Recht, sich auf Experten zu verlassen. Doch auch hier gilt: Sobald
politische Zielsetzungen zur Debatte stehen, können Wirt-
schaftswissenschaftler nicht allein entscheiden. Das Wesen des
modernen Experten ist es, sich auf einem winzigen Detailgebiet
hervorragend auszukennen. Weil er sich den ganzen Tag mit diesem Gebiet beschäftigt, läuft er allerdings auch Gefahr, es zum
Nabel der Welt zu erklären.
Zu Beginn dieses Jahrhunderts wurde die Idee des französischen
Psychologen Alfred Binet, Schulerfolg mittels eines formalisierten
Tests vorauszusagen, begeistert aufgenommen. Der »Intelligenz-

Test« bestimmte fortan über Jahrzehnte darüber, für wie intelligent jemand mit Fug und Recht gehalten werden – und sich selber halten – durfte. Bis das leise Unbehagen an den Maßstäben des Tests und seiner Nachfolger allmählich zu lauter Kritik wurde.

Inzwischen gilt es als ausgemacht, daß Binet und seine Kollegen Experten waren, die in Wirklichkeit ein kleines Teilgebiet beackerten, sich jedoch für ein wesentlich größeres zuständig fühlten: Sie meinten, »die« Intelligenz zu messen, hatten es allerdings allenfalls mit dem Teilgebiet der logisch-mathematischen und der sprachlichen Intelligenz zu tun.

Eltern andererseits sind genau das Gegenteil von Experten. Sie sind notwendigerweise Spezialisten fürs Allgemeine und können es sich nicht leisten, sich einem Teilgebiet der Kindererziehung intensiv oder gar ausschließlich zu widmen. Sie müssen wickeln, füttern, gesundes Essen kochen, gute Kinderbücher und solide Spielgeräte aussuchen, Hausaufgaben betreuen, Entscheidungen über Taschengeld und Ausgehzeiten treffen, auf dem Fußballplatz und auf dem Abschlußball eine gute Figur machen. Sie spielen Reiseleiterin, Animateur, Modeberater und Änderungsschneiderin, machen als Sexberater Dr. Sommer Konkurrenz, unterhalten einen frequentierten Waschsalon und verfügen über Grundkenntnisse der Kinderheilkunde.

Und: Sie informieren sich unermüdlich, um auf all diesen Gebieten auf dem laufenden zu bleiben. Nebenbei haben sie – nicht zuletzt dem Nachwuchs zuliebe – auch noch einen Beruf. Und vielleicht sind sie in dieser Eigenschaft sogar Experte – für ein winziges Teilgebiet der modernen Welt, das mit Erziehung gar nicht mal etwas zu tun hat?

Die Spezialisten fürs Allgemeine haben ein Problem: Nicht zuletzt aus Zeitmangel haben sie keine Chance, den Experten genauer auf die Finger zu schauen, die sich mit Teilaspekten ihrer eigenen

Aufgabe, der Erziehung, beschäftigen. Sie können niemals alle Neuerscheinungen lesen. Und noch nicht einmal den kleinen Ausschnitt davon, den sie zur Kenntnis nehmen, können sie wirklich kritisch prüfen.

Das ist ein Skandal. Denn eigentlich sind doch sie die Experten. Wer kennt schließlich ihre Kinder besser als sie? Und nun kommt auch noch das Thema »Emotionale Intelligenz« dazu. Noch mehr Bücher, noch mehr Kurse, noch mehr Kinderfahrerei?

Mißtrauen ist angebracht, ob das der richtige Weg sein kann. Und das Angenehme ist: In diesem Fall wird es sogar von den Experten unterstützt. Denn wenn Goleman und Gardner betonen, wie wichtig der richtige Umgang mit den eigenen Gefühlen für Lebensglück und -erfolg eines Menschen ist, so wird man doch zuallererst für sich selbst daraus lernen, auf die Stimme der eigenen Gefühle zu hören.

Eltern, nutzt eure eigene intra- und interpersonale Intelligenz im Umgang mit dem Nachwuchs. Und im Umgang mit Erziehungsexperten jeder Art. Mißtrauen darf nämlich durchaus auch aus dem Bauch kommen. Haben wir nicht schon länger geargwöhnt, daß der IQ unmöglich das Maß aller Dinge sein kann? (Vorsorglich sollten wir aber auch verhindern, daß die Emotionale Intelligenz sich nun anmaßt, diese Rolle zu übernehmen.)

AUSFLUG IN DIE ZUKUNFT
UN-EMOTION – DER KALTE BLICK AUF DIE GEFÜHLE

Main Town bei Washington, irgendwann im 21. Jahrhundert. Der Traum des 17jährigen Ernest Francova ist es, nach der Schule in die Space Academy aufgenommen zu werden, um später zur Elite der Weltraum- und Computerspezialisten zu gehören. Doch ausgerechnet sein Gefühlsleben droht dem Helden des Romans mit dem spre-

chenden Titel »Unemotion« einen Strich durch die Rechnung zu machen.

Die Schüler der vom DRAUSSEN abgeschirmten, hermetisch abgeriegelten Retortenstadt, die einem großen Privatkonzern gehört, werden einem ausgeklügelten und durchstrukturierten Erziehungsprogramm unterworfen. Was der junge Held erst im Verlauf der Romanhandlung erfährt: Das Leben des Nachwuchses im firmeneigenen Staat Spacom ist von der Wiege an genauestens geplant, und zwar auf der Grundlage wissenschaftlicher Erkenntnisse.

Von der Wiege an? Um später besser »konditioniert« werden zu können, verbringen alle ihre ersten Lebenswochen nicht in der häuslichen Wiege, sondern abgeschirmt im klinischen Brutkasten. Denn in einem Tierversuch hat sich gezeigt, daß Ratten, denen zu Beginn jede menschliche Zuwendung vorenthalten wird, sich später umso begieriger auf jegliche Art von Ersatz stürzen, während ihre mit mehr Wärme aufgewachsenen Artgenossen nur für die Befriedigung ihrer Grundbedürfnisse Interesse zeigen. Diese Erkenntnis wird nun auf die Menschen umgesetzt: Schule, Sport, spezielle Fernsehprogramme, Verbot von Religionen jeglicher Art – alles ist darauf ausgerichtet, die Jungbürger, deren Privileg es ist, in ihrer künstlichen Gemeinschaft von der dreckigen, ärmlichen, kriminellen und chaotischen Außenwelt abgeschirmt zu sein, möglichst einheitlich und vorhersehbar zu »konditionieren«, also ihre Gefühle als Reaktionen auf gezielt ausgesandte Reize kalkulierbar zu machen.

Diesem Ziel dient nicht zuletzt ein besonderes Schulfach: Gefühlswissenschaft. Wer hier schlechte Noten hat, kann sich eine Karriere im Weltraum abschminken. Und Professor Stiller hat Ernest eine Vier gegeben. Doch was hat der Gefühls-Lehrer an Ernests Leistungen eigentlich auszusetzen? Sein Schüler zeigt nicht die »korrekten« Gefühle, die man erwarten kann: Er gibt zum Beispiel nicht, wie seine Mitschüler, seine Freude zu erkennen, wenn der Klasse die Hausaufgaben erlassen werden. »Sie fühlen nicht wirklich, was Sie fühlen sollten, Ernest, das ist das Problem.« Die Gefühlswissenschaft vermittelt den Schülern das korrekte Gefühlsleben theoretisch und praktisch. Sie ist damit ein »Leitfaden zu den angemessenen Arten, Gefühle zu zeigen, so daß wir in unserer Gemeinschaft leben können, in sie hineinpassen und soziale Zusammenstöße vermeiden.« Trotz schlechter Leistungen im Fach Gefühl aber will Stiller seinem Schüler helfen, nicht zuletzt, weil Ernests Vater in Spacom als Genie der Computerhandhabung unentbehrlich ist.

Ernest bekommt die Chance zu einem Gespräch mit dem angesehensten Gefühls-Experten des Landes, dem Emotionologen Louis Hasten. »Emotionologie«, das kommt von Emotionen, und von Logik, so wird ihm erläutert. »Wenn du dich unlogisch fühlst, so geh zum Emotionologen«, lautet der gängige Ratschlag in Main Town. Denn Gefühle, die man sich nicht erklären kann, darf es eigentlich nicht geben. Auch Louis hatte einmal solche Gefühle, vor langer Zeit, nach dem Tod seiner Frau. Ein Aufenthalt im Molecular Calibration Center, der emotionalen Eichstation des Ortes, hat diesen Fehler allerdings gründlich behoben. Seitdem lebt der Ober-Emotionologe in einem »geschlossenen System«, innerlich wie äußerlich.

Er setzt sich mit ganzer Kraft dafür ein, daß Kinder von klein auf konditioniert werden. Seine Wissenschaft ist die Grundlage der Erziehung, denn wer die Gefühle der Menschen im Griff hat, hat die Menschen ganz im Griff: »Wir sind die Väter der Erziehung, und Erziehung ist alles, ist die Grundlage jeder Entwicklung, des Überlebens der Zivilisation. Die Erziehung entscheidet darüber, ob Kinder von heute die Führungspersönlichkeiten von morgen werden, wirkliche Bürger und keine Sozialfälle.« Eigentlich, so ist Louis überzeugt, brauchen die Menschen der Zukunft keine Emotionen mehr für ihren Existenzkampf. Doch gibt es Pädagogen, die vom Wert der Gefühle überzeugt sind, und so möchte er sie nicht gänzlich abschalten, sondern neu programmieren – und damit berechenbar machen. Gefühle nämlich sind von Natur aus »unlogisch« und es gibt »keine Regeln dafür, welche Gefühle in bestimmten Situationen angemessen sind. Deshalb wurde sie geschaffen: Die Wissenschaft des korrekten emotionalen Verhaltens.« Denn »wenn jeder Gefühle zeigt, die nicht von Regeln geformt sind, dann befinden wir uns in einer chaotischen Gesellschaft«. Damit das nicht geschieht, ist Gefühlswissenschaft Pflichtfach in den Schulen des Landes. Louis erklärt offen, daß diese Wissenschaft eigentlich dem Ziel dient, »Unemotion« herzustellen: »Die Leute um Sie herum sind un-emotional. Ich meine, Ihre Schulkameraden, alle, die jetzt mit Ihnen die Schule abschließen, und einige schon vor Ihnen. Alle diese Leute, die lächeln, wenn Sie Ihnen begegnen, und die alle auf dieselbe Weise mit dem Kopf nicken. Die alle sind unemotional. Sie zeigen logische Gefüh-le, vorgefertigte Gefühle . . . oder eben Unemotion.« Denn echte Gefüh-le sind nicht logisch.

Wie aber wird Unemotion praktisch hergestellt? »Wir schalten die Ge-fühle aus, indem wir die Verbindung zwischen dem limbischen System und der Großhirnrinde blockieren, und wir implantieren ein logisches Reaktionsmuster in die Rinde.«

Nicht alle lassen es sich allerdings klaglos gefallen, in dieser Art mani-puliert und in den eigenen Lebensäußerungen beschnitten zu werden. Jeremy beispielsweise, Ernests bester Freund, ist vor kurzem spurlos verschwunden. Er hatte sich nicht angepaßt, vielleicht weil er klar er-kannte: »Wir werden hier doch wie Teig geformt.« Oder Ernests Mut-ter. Sie ist tot, doch hat sie ihm eine Art Computer-Tagebuch hinterlas-sen, mit einer Sperrfrist, die abläuft, als er 17 Jahre alt ist. Linda Fran-cova hatte das Erziehungssystem Spacoms durchschaut und Aufzeich-nungen über ihre Erkenntnisse ins DRAUSSEN geschmuggelt. Auch ihren eigenen Sohn wollte sie so gut wie möglich vor der Manipulation schützen. So verbot sie ihm zum Beispiel als Kind das Fernsehen: »Du empfindest Dich vielleicht als ausgestoßen, fühlst Dich vielleicht ein-sam, aber zumindest wirst Du überhaupt noch fühlen.«

Und das tut Ernest, der seinem Lehrer Stiller als »unemotional« auffiel, weil er nicht die geforderten Gefühls-Reaktionen zeigte. Zum Beispiel verliebt er sich. Und das vor der dafür von den Erziehungsbehörden vorgesehenen »richtigen« Zeit. Seine eigene innere Uhr scheint anders zu laufen, als es die Experten geplant haben, die Mädchen und Jungen bis zum 20. Lebensjahr streng getrennt halten. »Ich glaube«, sagt Ernest, als er das Mädchen Sally kennengelernt hat, »daß jeder seine eigene Uhr hat. Wir sind alle verschieden, warum also erzählen uns ge-wisse Spezialisten, wann der richtige Moment da ist, etwas Bestimmtes zu tun?« Seit er das erkannt hat, hat Ernest ein Lebensziel vor Augen: Freiheit für sich und seine Mitmenschen zu erreichen. Freiheit für die eigenen Gefühle, ob sie nun »korrekt« und logisch sind oder nicht. Und damit Freiheit von Emotionologen, die Menschen mit stromlinienförmigen Innenleben designen.

Zugegeben, hier wurde nur der Inhalt eines Romans referiert. Bei »Unemotion« handelt es sich um eine Geschichte, die in der Nachfolge von Zukunftsromanen wie Aldous Huxleys »Schöne neue Welt«, George Orwells »1984« und Ray Bradburys »Fahrenheit 451« die Vision einer uniformen, überwachten und abgeschirmten Zukunftsgesellschaft entwirft.

Aber etwas ist neu an diesem Buch: In der hier vorgeführten Gesellschaft wird nicht nur korrektes, systemkonformes Denken verlangt wie in »1984«, oder das Lesen von Büchern verboten wie in »Fahrenheit 451«. Der Überwachungsstaat versucht darüber hinaus, die Gefühle seiner Bürger zu reglementieren. Das Ziel ist es, die »Emotionalen Intelligenzen« der Bewohner von Main Town gleichzuschalten. Dazu bedient sich die Emotionologie modernster wissenschaftlicher Erkenntnisse und Methoden.

»1984« wurde unter dem Eindruck von Diktaturen geschrieben, die die Meinungsfreiheit ihrer Bürger drastisch beschnitten. Im Mittelpunkt steht das Problem des gleichgeschalteten Denkens. Das Buch des jungen Leonardo Wild dagegen, dessen Eltern in Lateinamerika eine offene Schule leiten, die er selbst auch besuchte, zeigt ein etwas anders geartetes Problem. Aber auch hier wird deutlich, daß er etwas aus unserer Gegenwart in die Science-fiction-Welt projiziert: In der Erziehung der 90er wird der Umgang mit dem Irrationalen thematisiert. Man erkennt, daß Kinder und Jugendliche nicht bloß Denkmaschinen sind, die mit Hilfe des Nürnberger Trichters wissensmäßig abgefüllt werden könnten. Denn die Heranwachsenden selbst machen den Älteren durch ihr störrisches, unangepaßtes oder sogar aggressives Verhalten klar, daß in ihrem Inneren starke Emotionen brodeln. Was also tun? Wild, dessen Buch bekanntermaßen im 21. Jahrhundert spielt, spricht von unserer Zeit in der Vergangenheitsform. Es habe da, so läßt er seinen Chef-Emotionologen aus dem Nähkästchen der erfundenen Gefühls-Wissenschaft plaudern, nach dem strengen Pädagogen Pesta-

lozzi aus dem 18. Jahrhundert auch im 20. Jahrhundert einen Pestalozzi gegeben. Dieser Pestalozzi II (in der Realität der Schweizer Gesell-
schaftskritiker Hans Pestalozzi) aber habe sich dafür stark gemacht,
daß auch und gerade in der Schule alle Gefühle gezeigt werden müssen. »Reformen wurden durchgeführt, und eine Zeitlang hatten Kinder
tatsächlich das Recht, ihre Gefühle zu zeigen. Sie beklagten sich, wenn
sie sich schlecht fühlten, und sie lachten, wenn sie glücklich waren.«
Meint Wild damit unsere Zeit, die 90er? Oder liegt die glückliche Zeit
der freien Emotionalität noch vor uns? Eine Zeit jedenfalls, in der For-
scher, die es darauf anlegen, über die natürlichen Gefühlsregungen von
Kindern eine Menge lernen können. Denn nie zuvor wurden sie so offen und spontan gezeigt.

Doch Wild sieht weiter in die Zukunft. Und erkennt eine Gefahr, die jedem interessanten Gegenstand droht, der in unsere Schulen Einzug
hält: Aus Freiwilligkeit wird Pflicht; was bisher spontan geschah, muß
fortan planmäßig durchgeführt werden. Was chaotisch ist, muß eine
Form bekommen. Die Schulbegriffe »richtig« und »falsch« werden ein-
gesetzt. Für alle gelten die gleichen (Lern-)Ziele. Leistung wird meßbar.
Am Ende stehen Noten. Und Noten entscheiden über den Berufs-
erfolg. Dieses traurige Schicksal also sieht er für die Gefühle voraus,
wenn sie in unseren Schulen frei und offen gezeigt und diskutiert werden dürfen.

Die »Schöne neue Welt« und »1984« sind bisher noch nicht Wirklichkeit geworden. »Unemotion« wird es hoffentlich nicht. Immerhin können Bücher eine Warnung sein. »Unemotion« ist die Warnung vor der
Normierung der Gefühle, vor einem Unterricht, der Jugendlichen vermitteln will, welche emotionalen Reaktionen »korrekt« und »richtig«
sind und der die Angepaßten mit guten Noten im neuen Schulfach
»Emotionen« belohnt.

3. Teil

Am Anfang steht die Selbsterziehung oder: Eltern lernen Gelassenheit

»Wir sind keine Tonklumpen, und entscheidend ist nicht, was man aus uns gemacht hat, sondern was wir aus dem machen, was man aus uns gemacht hat.«
(Jean-Paul Sartre)

Chancengleichheit – der harte Brocken

Chancengleichheit hieß das Schlagwort der Bildungsreformer in den 60er Jahren. Die Gymnasien sollten sich für Kinder aller sozialen Schichten öffnen. Universitäten dürften nicht mehr vorwiegend jener privilegierten Minderheit offenstehen, deren Eltern schon studiert hatten. Viertkläßler mit guten Grundschulleistungen wurden ermutigt, den »Übertritt« zu wagen, auch wenn die Eltern ihnen lieber den Handwerksbetrieb übergeben wollten.

Die Strategie zeigte Erfolg: Fast die Hälfte der Schüler eines Jahrgangs macht inzwischen Abitur.

Doch Chancengleichheit müßte, wie sich in den letzten Jahrzehnten deutlich zeigte, mehr bedeuten als die Öffnung der Bildungsinstitutionen für alle. Denn bei gleichen intellektuellen Voraussetzungen tun sich Schüler, deren Eltern selbst nicht Akademiker sind, in weiterführenden Schulen deutlich schwerer als ihre Mitschüler, die auf Hilfe und Unterstützung durch ihre Eltern bauen können.

Auch im Hinblick auf die jetzt ins Blickfeld gerückte Emotionale Intelligenz gibt es, wie Daniel Goleman betont, keine Chancengleichheit für alle. Auch hier hat das Elternhaus entscheidenden Einfluß:

»Wir wissen aus Hunderten von Untersuchungen, daß die Art, wie Eltern ihre Kinder behandeln – ob mit strenger Disziplin oder empathischem Verständnis, mit Gleichgültigkeit oder Wärme usw. –, für das Gefühlsleben des Kindes tiefreichende und bleibende Folgen hat. Dennoch ist erst seit kurzem unumstößlich bewiesen, daß allein schon die Tatsache, emotional intelligente Eltern zu haben, für ein Kind ein enormer Vorteil ist. Die Art und Weise, wie Ehepartner mit den Gefühlen füreinander umgehen, vermittelt, zusätzlich zu ihrem direkten Umgang mit dem Kind, eindrückliche Lektionen, und die Kinder sind gelehrige Schüler, die noch die subtilsten emotionalen Vorgänge in der Familie auffangen. Als Forschungsgruppen an der Universität von Washington, die sich unter der Leitung von Carole Hooven und John Gottman mit der Feinanalyse der Interaktionen zwischen Ehepartnern befaßten, den Umgang der Eltern mit ihren Kindern einbezogen, fanden sie, daß die Paare, die in der Ehe emotional kompetenter waren, zugleich diejenigen waren, die ihren Kindern im Auf und Ab ihrer Gefühle am wirksamsten halfen.«

Im Klartext: Wer selbst gut mit seinen Emotionen umgehen kann, hat größere Chancen, seine Kinder zu emotional intelligenten Menschen zu erziehen. Das erstaunt nicht, ist aber jetzt endlich wissenschaftlich untermauert. Und da, wie wir sahen, diese Form der Intelligenz ganz entscheidende Auswirkungen auf Lebensglück und -erfolg hat, haben die Kinder solcher Eltern einfach bessere Chancen im Leben.

Eine neue Dimension der Chancen-ungleichheit? Ja und Nein.

Eltern sind in dieser Hinsicht offensichtlich verschieden. Eheliche Konflikte werden täglich überall auf der Welt gewaltsam, dramatisch, in Form endloser Diskussionen, mit der spitzen Waffe der Ironie oder der dumpfen Waffe des Schweigens ausgetragen, aber auch liebevoll-selbstbewußt, klar und abgegrenzt. Genauso unterschiedlich gehen Erziehungsberechtigte mit den ihnen anvertrauten Minderjährigen um. Die Chancen, eine gute häusliche Lektion im Umgang mit Gefühlen zu erhalten, sind für Kinder ganz offensichtlich extrem ungleich verteilt.

Entschieden interessanter ist allerdings, wenn es um emotionale Erziehung in der Familie geht, eine weniger fatalistische Sicht der Dinge: Die Chancen ihres Kindes, von zuhause eine brauchbare Lektion in Sachen Emotionen mitzunehmen, können Eltern mächtig beeinflussen. Höchstwahrscheinlich wesentlich mehr als die Chancen, elterliche Unterstützung für den Schulerfolg zu finden.

Schließlich ist die Schulzeit der Eltern schon lange vorbei. Was sie damals gelernt oder nicht gelernt haben, was sie ihren Kindern an Wissen weitergeben und an Hilfen anbieten können, steht fest. Ob sie sich wohlgefühlt oder gelitten haben, war für sie prägend ist aber, vom heutigen Standpunkt aus gesehen, Vergangenheitsbewältigung. Die Eltern können in der Regel mit der »gewonnenen Erfahrung« zurechtkommen. Doch wird sich diese Erfahrung sehr stark auf die Art auswirken, mit der sie ihren Kindern in schulischen Dingen Beistand leisten können.

Der souveräne Umgang mit der Welt der Gefühle aber ist auch für Erwachsene Gegenwart, eigene Gegenwart, und dieses Thema hat eine Zukunft, eine eigene Zukunft. Emotionale Erziehung hat, so legt der Psychologe Goleman nahe, nur unter der Bedingung Aussicht auf Erfolg, wenn der Erzieher eine Art Selbsterziehung beginnt. Umso besser, denn Selbsterziehung hat in diesem Fall einen nicht zu unterschätzenden Vorteil: Eltern tun es nicht – wie so oft im Leben – nur den Kindern zuliebe. Sie profitieren selbst davon.

Das Henne-oder-Ei-Problem

Natürlich, es gibt das leidige Problem mit der Henne und dem Ei. Kann jemand als Erwachsener noch einen halbwegs intelligenten Umgang mit eigenen und fremden Gefühlen lernen, wenn er ihn als Kind nicht gelernt hat? Womöglich, weil seine Eltern ihm Emotionale Intelligenz nicht vorleben konnten, die wiederum selbst höchstwahrscheinlich keine Chance hatten, so etwas zu lernen, weil ihre Eltern... Waren letztlich Adam und Eva schuld, die aber ihrerseits von Gott Vater neurophysiologisch nicht besser ausgestattet wurden? Eine solche Argumentation hat rein logisch einiges für sich.

Aber wer ruht sich schon gern im Bewußtsein unverschuldeten Unglücks lebenslänglich aus?

Wer hätte im Leben nicht wenigstens ab und zu gern das Gefühl,

selbst entscheiden und womöglich sogar etwas besser machen zu
können als zuvor?

Mit anderen Worten: Wer glaubt wirklich, nichts mehr dazulernen zu
können, nur weil er erwachsen ist? Und vor allem: Wer lebt in diesem Bewußtsein und hat gleichzeitig den Wunsch, Kinder in die Welt
zu setzen?

Jean-Paul Sartre, der berühmte Existentialist und große philosophi-
sche Verehrer der Freiheit – fairerweise muß man sagen, daß seine
Verehrung der Freiheit so weit ging, daß er bewußt keine Kinder in
die Welt setzte – bringt das Problem auf den Punkt: Menschen werden zwar durch Erziehung geformt, das kann niemand leugnen, der
etwas auf die Erkenntnisse von Entwicklungspsychologie, Pädagogik
und Sozialwissenschaften und die Eingebungen des »gesunden Men-
schenverstandes« gibt. Doch das Geformte lebt: Wir sind keine Ton-
plastiken, die gleich nach der Formung trocknen und ihre endgültige
Gestalt annehmen. Wichtig ist also, was wir aus dem machen, was andere – Eltern, Lehrer, Mitschüler, Verwandte, Freunde, Medien, kurz:
»die Gesellschaft« – aus uns gemacht haben. Das Rohmaterial ist
nicht die endgültige Form, die elterliche und schulische Erziehung hat
nicht das letzte Wort. Ohne dieses Grundgefühl der Freiheit könnten
wir kaum leben.

Wachheit für die eigene Seele

Freiheit beginnt mit Wachheit. Es wird uns leicht gemacht, den eigenen Körper wach und aufmerksam zu beobachten, durch Spiegel, die
uns zeigen, wo äußerlich etwas nicht stimmt, durch Körperempfindungen wie zum Beispiel Schmerzen, die uns Störungen des Inneren
signalisieren.

Mit dem, was wir landläufig Seele nennen, ist es in dieser Hinsicht
schon schwieriger. Der Psychoanalytiker Erich Fromm glaubt, daß wir
uns damit so schwer tun, »weil viele noch nie einen Menschen gekannt haben, der ganz und wach funktioniert. Für sie gilt das seelische
Funktionieren ihrer Eltern und Verwandten oder der gesellschaftli-

chen Gruppe, in die sie hineingeboren sind, als Norm, und solange sie sich von dieser Norm nicht unterscheiden, fühlen sie sich normal und haben kein Interesse, ein davon abweichendes Verhalten zu beobachten. Es gibt viele Menschen, die zum Beispiel noch nie einen liebenden Menschen oder einen Menschen mit Integrität, Mut oder Konzentration gesehen haben.« In unserer Kultur, so meint er, wird über dem Vermitteln von Wissen das Lernen am menschlichen Vorbild vergessen, das die Seele des Heranwachsenden formen sollte. Was er in seinem Buch »Die Kunst des Liebens« beklagt, kritisieren Jahrzehnte später auch die Neuentdecker der vielfältigen Intelligenzen des Menschen.

Aber sind wir hier nicht wieder im Teufelskreis der falschen Sozialisation gefangen? Weil es keine Vorbilder gibt, so scheint es doch, kann der Heranwachsende nicht lernen, zu seinen Gefühlen ein ebenso waches Verhältnis zu entwickeln wie zu seinem Körper und dessen Wohlergehen.

Der amerikanische Neurologe und Neuropsychologe Antonio R. Damasio hat nach jahrelanger wissenschaftlicher Arbeit eine Theorie entwickelt, die aus dem Teufelskreis herausführen könnte. Wenn er Recht hat, bietet uns unsere Wachheit für körperliche Signale eine Möglichkeit zur Selbsthilfe.

Zum Beispiel der Hunger: Wenn der Blutzuckerspiegel sinkt und die Neuronen im Hypothalamus diesen Mißstand registrieren, entsteht unter normalen Bedingungen – wenn die Versuchsperson gesund und nicht abgelenkt, also mit wichtigeren Aufgaben beschäftigt, ist – das Hungergefühl. Kein schlechtes Gefühl im übrigen, solange man weiß, daß es sich in absehbarer Zeit auf lustvolle Weise abstellen läßt. Deshalb sollte man es ruhig soweit kommen lassen.

Aber weiter: Damasio hat einen Namen für ein ähnliches, jedoch komplizierteres Phänomen gefunden. Jeder weiß, daß die Begegnung mit bestimmten Menschen oder auch die Notwendigkeit, in bestimmten Situationen eine Entscheidung zu treffen, körperliche Erscheinungen wie ein unangenehmes Ziehen im Bauch auslösen kann. Und jeder kennt das andere Körpergefühl, das unbeschreibliche Kribbeln bei wesentlich angenehmeren Begegnungen. Wer oder was sagt uns sonst, daß wir verliebt sind?

Damasio bezeichnet diese Phänomene als »somatische Marker«. Sie sind für ihn körperliche Signale, die sich im Unterschied zum Hungergefühl allerdings auch auf nichtkörperliche Bereiche beziehen können. Der Betroffene sagt vielleicht: »mir war nicht wohl bei der Sache« oder »ich hatte dabei ein gutes Gefühl«. Der Neuropsychologe sieht dieses »Unwohlsein« oder »Wohlsein« als körperliches Signal, das das Denken, der Verstand nicht überhören sollte. Er möchte dabei jedoch nicht falsch verstanden werden: Der Marker selbst stellt nicht den Entscheidungsprozeß dar und kann ihn keinesfalls ersetzen. Er kann allerdings bei der Lösungssuche helfen: Zum Beispiel kann er dazu beitragen, daß einzelne mögliche Lösungswege schon im Vorfeld als unbrauchbar verworfen werden.

Ein Beispiel: Ein Stellenbewerber bekommt beim Vorstellungsgespräch feuchte Hände, fühlt sich unwohl und ist ängstlich. Spontan fühlt er sich an eine Situation aus seiner Kindheit erinnert, als er zum ersten Mal zum Direktor seiner Schule vorgeladen war und sich eine Standpauke wegen unerlaubten Verlassens des Schulgeländes anhören mußte. Das ist ein Warnsignal. Doch leider ist es nicht so eindeutig wie ein Verkehrszeichen. Was soll es also bedeuten? Geht es dem Bewerber bei jedem Vorstellungsgespräch so? Dann sollte er sein Verhältnis zu Vorgesetzten im Interesse des eigenen Wohlbefindens schleunigst einer kritischen Revision unterziehen. Er ist schließlich kein dummer Schuljunge mehr. Oder beschränkte sich das Phänomen auf diese Einzelsituation? Dann ist es ein Signal, auf das er bei seiner Entscheidung hören sollte: Mit diesem Chef wird er wahrscheinlich nicht glücklich werden. Wie auch immer er das Signal interpretieren wird: Zunächst muß er es beachten.

Damasio sieht die »Arbeit«, die die somatischen Marker leisten, aber noch als weitaus komplizierter an: Wir können nicht nur in einer realen Situation echte körperliche Empfindungen haben, die auf der Erfahrung mit ähnlich gelagerten Situationen beruhen, und uns diese auch bewußt machen, wie es der junge Arbeitssuchende tat. Wir sind vielmehr sogar imstande, nur die *Vorstellung* einer realen Situation ohne direkten aktuellen Anlaß im Kopf zu aktivieren und darauf mit schweißnassen Händen zu reagieren.

Beides, reale Situation und Bild im Kopf, kann außerdem sowohl bewußt als auch unbewußt und unbemerkt ablaufen. Bleibt es unbemerkt, so heißt das nichts anderes, als daß es nicht die nötige Aufmerksamkeitsschwelle erreicht. Das ist auch der Grund dafür, daß es sich für die Entwicklung der intrapersonalen Intelligenz so sehr lohnt, auf die eigenen Träume zu achten.

Körperempfindungen oder -erscheinungen, wie sie genannt werden, können Signale sein, in denen sich Erfahrung ausdrückt und die wir fürs Denken und Handeln berücksichtigen sollten. Dafür müssen wir allerdings wach und aufmerksam genug sein, um sie wahrzunehmen.

Es sollte jedoch nicht verschwiegen werden, daß die somatischen Marker für das Denken auch hinderlich sein können. Damasio berichtet beispielsweise von einem Patienten mit einer präfrontalen Gehirnschädigung, die die Koppelung von Ereignissen mit Gefühlen in Mitleidenschaft zieht. Dieser Mann kam an einem Wintertag vollkommen unbeeindruckt in der Praxis an, obwohl er während der Autofahrt mehrere Unfälle auf der spiegelglatten Straße miterlebt hatte. Die Fahrer der Unfallautos hatten bei dem (durch somatische Marker ausgelösten) Signal »Gefahr« sofort reflexartig auf die Bremse getreten und waren deshalb ins Schleudern geraten. Der Patient jedoch, bei dem das Gefühl »Angst bei Gefahr« nicht entstehen konnte, war keinen Augenblick lang war er in Versuchung gewesen, »automatisch« auf die Bremse zu treten.

Auch wenn diesem neurologischen Patienten das Fehlen einer Koppelung des Denkens an Marker in einer speziellen Situation nützte: Es hat einen hohen Preis. Denn im Grunde macht es sowohl die intrapersonale als auch die interpersonale Form der Intelligenz unmöglich.

Mit mir langweile ich mich nicht

Personale Intelligenz ist an die Wachheit für eigene Empfindungen gebunden. Für diese Wachheit gegenüber den eigenen Empfindungen und Gefühlen braucht der Mensch Ruhe.

Wir leben in einer Single-Gesellschaft, aber sind wir jemals mit uns allein? Richtig allein, also ohne Kollegen, Autoradio, Passanten oder Tagesschau? Dabei kann das ein aufregendes Abenteuer werden: »Numquam minus solus quam cum solus«, nie bin ich weniger allein, als wenn ich allein bin, soll der katholische Kardinal Newman gesagt haben.

Er hat nur eleganter ausgedrückt, was jene 16jährige Schülerin schon wußte, die beim Wandertag eine Zeit lang ganz allein marschierte und gefragt wurde, ob sie sich denn da nicht langweile. »Wenn ich mit mir zusammen bin, langweile ich mich nie«, war ihre Antwort. Manche Mitschüler fanden das arrogant, vor allem, weil sie noch eins draufsetzte, um einen aufdringlichen Verehrer in die Flucht zu schlagen: »Aber mit anderen zusammen kann das schon passieren!« Sie hat allerdings an jenem Tag auch ein paar Bewunderer hinzugewonnen.

Wachheit und Aufmerksamkeit gegenüber dem eigenen Inneren haben natürlich nur Sinn, wenn da »jemand ist«, dem sie gelten. Wenn sie also nicht buchstäblich ins Leere laufen. Wer allein ist, muß nicht einsam sein. Es kann sogar ein Dialog zustande kommen. Das ist alles andere als Narzißmus. Narziß, der schöne Jüngling aus der griechischen Sage, braucht den Spiegel, also den anderen, um sich lebendig und »gut« zu fühlen. Doch »Selbstsucht und Selbstliebe«, so wiederum Erich Fromm, »sind keineswegs miteinander identisch, sondern in Wirklichkeit Gegensätze. Der selbstsüchtige Mensch liebt sich selbst nicht zuviel, sondern zuwenig.« Er muß sich also ständig Verstärkung von außen verschaffen, er braucht Menschen und Dinge, um die Leere zu kompensieren.

Fromm zieht einen Vergleich heran, der Eltern betroffen machen könnte: Die Selbstsucht ist seiner Ansicht nach leichter zu verstehen, »wenn man sie mit dem besitzgierigen Interesse vergleicht, das man zum Beispiel bei einer überängstlichen Mutter findet. Während sie ehrlich überzeugt ist, ihrem Kind besonders zugetan zu sein, empfindet sie tatsächlich eine allerdings fast völlig verdrängte Feindschaft gegen das Objekt ihrer Zuneigung. Überbesorgt ist sie nicht, weil sie das Kind zu sehr liebt, sondern weil sie einen Ausgleich haben muß für ihren Mangel an Fähigkeit, das Kind überhaupt zu lieben.«

Das sind harte Worte, vielleicht auch eine überzeichnete Sicht der Dinge. Doch hat sie den Vorteil, zugleich auch deutlich zu machen, daß »Selbstlosigkeit« es nicht immer verdient, ohne Anführungszeichen und als bewundernswerte Eigenschaft genannt zu werden. Wie die meisten »Losigkeiten« (Lieblosigkeit, Skrupellosigkeit, Gefühllosigkeit!) ist sie vor allem ein Mangel. Und wenn dieser Mangel von Teilen der Christenheit jahrhundertelang als Tugend (miß-)verstanden wurde, so liegt auch dieser Auffassung ein Mangel – in diesem Fall an Bibelfestigkeit – zugrunde: Das berühmte Gebot »Liebe deinen Nächsten wie dich selbst« kann man nämlich in diesem Zusammenhang nicht oft genug zitieren.

»Ein unschätzbares Gut ist es, sich selbst zu finden«, so formulierte schon der römische Philosoph Seneca. Doch er glaubte keineswegs, daß dieses kostbare Gut nur in der Muße der Einsamkeit erreichbar ist, ganz im Gegenteil: »Man lebt nicht dadurch schon für sich selbst, daß man für keinen anderen mehr zu sprechen ist.« Im Wohlwollen und in der Anteilnahme für andere, in der Freundschaft und in der Liebe, so meint er, kann der Mensch sich selbst wirklich finden. Aber auch das ist ein anstrengendes Stück Arbeit.

Wir streiten, also sind wir?

»Es ist ein großes Ding, immer zu zwein sein«, sagt der Philosoph Friedrich Nietzsche. Aber »groß« ist ja nun ein recht schillernder, vieldeutiger Begriff.

Es kann großartig sein: Sich selbst zu lieben ist für einen Menschen viel naheliegender, wenn andere ihm ständig zeigen, daß er das verdient. Aus etlichen wissenschaftlichen Untersuchungen geht hervor, daß Kinder und Jugendliche eine höhere Selbstbewertung und Selbstachtung entwickeln, wenn Eltern ihnen viel Liebe und Achtung entgegenbringen. Schon für Schulkinder ist aber auch die Anerkennung in der sogenannten »Peer-Group« der Gleichaltrigen entscheidend. Und für die Erwachsenen sind es ganz eindeutig neben beruflicher und gesellschaftlicher Anerkennung die Streicheleinheiten und Komplimente ständiger oder wechselnder Partner (oder als Partner in Frage kommender Personen), die das Selbstwertgefühl erhöhen. Umgekehrt macht erst das Gefühl, aktiv zu lieben, wirklich lebendig.

»Groß« bedeutet in unserem Zusammenhang aber auch so viel wie gewagt, gefährlich. Es ist keine Kleinigkeit, immer zu zwein zu sein. Man kann sich sogar daran überheben. Auch das meint der Junggeselle Friedrich Nietzsche, dem wir schließlich auch den folgenden Aphorismus verdanken: »Wohl brach ich die Ehe – aber zuerst brach die Ehe – mich«.

»Wer die Einsamkeit fürchtet, sollte nicht heiraten«, meint der russische Arzt und Dichter Anton Tschechow zum Thema Ehe. Als Versuch, einen Menschen zu finden, der in allem gleich denkt und empfindet und mit dem man »verschmelzen« kann, ist die Ehe zum Scheitern verurteilt. Auch das könnte Nietzsche schließlich im Sinn haben, wenn er vom »*immer* zu zwein sein« spricht.

Nicht vollkommen »eins« zu werden, heißt reden müssen, um sich zu verstehen. Ein vielzitierter Beweis für diese Grundgegebenheit aller noch so innigen menschlichen Partnerschaften ist die Geschichte von dem Ehepaar, das sich jahrzehntelang getreulich die Frühstücksbrötchen teilte. Er gab ihr die obere Hälfte, die für ihn schon immer die bessere gewesen war, und nahm selbst mit der unteren vorlieb. Erst an ihrem Sterbebett soll er erfahren haben, daß für sie von klein auf die untere Hälfte eines Brötchens die bessere war ... »Daß wir anders sind als unsere Partner, ist keine menschliche Tragik«, so der Paartherapeut Michael Lukas Moeller. »Des Pudels Kern ist, daß wir uns wechselseitig nicht einfühlbar machen. Wir reden einfach zu wenig über das, was uns wesentlich angeht.« Er empfiehlt Paaren das zeitlich fest eingeplante »Zwiegespräch«, mindestens eineinhalb Stunden einmal die Woche nur zu zweit, nach festen Spielregeln. Das könnte befremdlich wirken: Ein formeller Platz im Terminkalender, eigens für die Paarbeziehung? Geht das nicht spontaner, natürlicher, ungezwungener? Doch gerade weil die meisten Paare ein solches Gespräch als »gewollt« empfinden, wenn es sich nicht um ein sachliches Thema wie Anschaffungen, Urlaubspläne, Kindererziehung oder aber um einen Streit aus aktuellem Anlaß handelt, sollte man es verabreden. Für einen Kino- oder Theaterbesuch arrangiert man schließlich oft auch alles vorher bis ins Kleinste, ohne es seltsam zu finden.

Moellers Bücher, aus langjähriger professioneller und privater Erfahrung entstanden, können als Anleitung zum erfolgreichen Zwiegespräch – dessen mißlungene Variante das »Zwiespaltgespräch« wäre – dienen. Wer hier spricht, spricht über sich und seine Empfindungen. Wer zuhört, versucht möglichst viel über den Sprecher zu erfahren. Ping-Pong-artige Gesprächsverläufe, die aus einem Schlagabtausch von Vorwürfen, Selbstverteidigung und Gegenvorwürfen bestehen, erfüllen diese Forderungen nicht.

Solche Zwiegespräche sind für ein Paar, das sollte man im Hinblick auf unser Thema hinzufügen, zugleich das beste Trainings- und das wichtigste Anwendungsgebiet der interpersonellen Intelligenz und emotionalen Kompetenz.

Das schlimmste und folgenreichste Mißverständnis über die Ehe ist wahrscheinlich die Annahme Jungverliebter, man könne sich immer und überall wortlos verstehen, wenn man sich nur genug liebe. »Die Ehe«, sagt Nietzsche, »ist vor allem ein langes Gespräch.« Betrachtet man die Sache so, dann existieren viele Ehen strenggenommen gar nicht.

Nicht zuletzt für die Kinder ist es wichtig, ob ihre Eltern miteinander reden können. Denn es ist auf die Dauer aussichtslos, jeden Konflikt vor ihnen geheimhalten zu wollen. Die Frage ist also, **wie** er gelebt wird und ob das so gelingt, daß er nicht, wie Korczak es beschreibt, »eine Wolke wird, die den blauen Himmel verdeckt und das muntere Geplapper im Kinderzimmer mit frostiger Stille zum Gefrieren bringt«. Partner, die miteinander reden können, streiten weniger verletzend. Und wenn Kinder spüren, daß die Erwachsenen streiten können, ohne sich gegenseitig die Achtung streitig zu machen und ohne die gemeinsame Verantwortung für ihre Kinder aus den Augen zu verlieren, können sie langfristig sogar etwas so Einschneidendes wie eine Trennung der Eltern »verkraften«.

Der stellvertretende Ehrgeiz, als Kinderwunsch verkleidet

Als »Ziel« der Ehe, oder zumindest als ihre »normale« Folge galt jahrhundertelang die Elternschaft. Sie hat diesen Status allerdings inzwischen verloren, denn man kann sich als Paar gegen sie entscheiden.

Warum wollen wir also bewußt Kinder? Diese Frage stellt sich allen angehenden Eltern. Warum *wollten* wir eigentlich Kinder, so werden sich Paare, die diesbezüglich schon vollendete Tatsachen geschaffen haben, vielleicht während des langen gemeinsamen Weges mit dem nicht immer pflegeleichten Nachwuchs fragen.

Ein Grund könnte in dem Wunsch von zwei Menschen gesehen werden, gemeinsam etwas zu schaffen, das ihrer Liebe Ausdruck verleiht. Gerade angesichts der schmerzlichen Erfahrung, bei aller Verbundenheit doch immer »zu zweit« zu bleiben und das Zwiegespräch als Brücke zwischen zwei Persönlichkeiten zu brauchen, wollen sie mit dem Kind eine »Einheit« ins Leben rufen. Doch kann es dabei geschehen, daß sie sich bald ähnlich wie der Zauberlehrling fühlen, der die Geister, die er rief, nicht mehr los wird. Der Philosoph Dieter Thomä konstatiert nüchtern: »Wenn zwei Menschen ihrer Liebe mit einem Kind ein Zeichen setzen wollen, übersehen sie bei diesem Vorhaben, daß sich mit der Geburt statt des erwarteten *Zeichens* ein *Mensch* einstellt, daß aus dem Liebespaar, ja der liebenden Einheit, plötzlich eine Dreiecksbeziehung wird.«

»In seinen Kindern lebt der Mensch«, läßt der griechische Tragödiendichter Euripides seine Heldin Medea sagen. Und das ist sicher auch heute noch eines der gewichtigsten Motive. In seinen Kindern lebt der Mensch weiter, denn sie werden Vater und Mutter mit großer Wahrscheinlichkeit überleben, selbst vielleicht Kinder zeugen, den Stammbaum fortsetzen.

In seinen Kindern lebt der Mensch bisweilen aber auch noch in anderer Hinsicht: Daß sie es »einmal besser haben« werden, ist vielen Eltern Trost, die sich selbst mit einer bescheidenen gesellschaftlichen Position zufriedengegeben haben. Andere Eltern wünschen sich durch ihre Kinder gesellschaftliche Anerkennung, wie sie – um ein allerdings extremes Beispiel zu nennen – der kleine Wolfgang Amadeus den Eltern Mozart einbrachte. Auch wenn diese Eltern »alles« für ihr Kind tun würden, laden sie ihm eine schwere Bürde auf: Das Kind soll stellvertretend für die Eltern leben. Die Eltern sind ehrgeizig, aber nicht für sich. Trotz ihrer Rastlosigkeit haben sie sich vorzeitig zur Ruhe gesetzt. Weil das Kind so formbar scheint, verknöchern sie selbst schon in jungen Jahren. Beginnen sie einen Satz mit der Formulierung »zu meiner Zeit«, so sprechen sie von der Vergangenheit, auch wenn sie noch jung sind. Das nimmt sich äußerlich fast harmlos aus: »Wenn Eltern bei besonders niedlichen oder begabten Taten ihres Kindes unauffällig um sich schauen, ›ob denn auch einer guckt‹, so liegt darin berechtigter Stolz, aber auch die Tendenz, *selbst abzudanken*, Anerkennung einheimsen zu wollen, ohne endlich selbst noch etwas dafür leisten zu müssen«, so der Philosoph Dieter Thomä (Hervorhebung nicht im Original).

Solche Eltern sind zu aller Hingabe der Welt fähig, aber die Liebe ist nicht bedingungslos, das spürt das Kind genau. Wenn es sich als Stellvertreter für elterliche Ambitionen weniger eignet, hat es gegenüber den Geschwistern das Nachsehen. Selbst wenn seine Begabungen auf einem ganz anderen Feld liegen, wird das von denjenigen Eltern, die »im Kind« leben wollen, oft schlicht und einfach übersehen.

»Brave« Kinder solcher Eltern schulen ihre Emotionale Intelligenz äußerst einseitig: Sie werden alles daransetzen, den Eltern zu gefallen. Das Gespür für deren Wünsche ist extrem gut ausgeprägt. Im Kleinen wächst so ihre soziale Kompetenz, denn sie lernen schnell, sich in ihre Eltern – und andere Bezugspersonen – einzufühlen. Intrapersonal ist das Defizit dafür umso größer. Denn sich einzugestehen, daß man selbst ja gar nicht will, was die Eltern vorgesehen haben, wäre schon der erste Schritt zum Ungehorsam, also ein Tabu.

Eltern, die versuchen, ohne den »stellvertretenden Ehrgeiz« auszukommen – oder sich wenigstens im Hinblick auf diesen wunden Punkt ein wenig kritisch sehen –, verlieren vielleicht die Hoffnung auf ein Genie in der Familie, gewinnen dafür allerdings viel: Sie danken selbst nicht so schnell ab und können ihren eigenen Ehrgeiz direkter ausleben.

Und sie erleben mit den eigenen Kindern vielleicht noch ihr blaues
Wunder: Denn diese bisweilen recht fremden jungen Menschen sind
für Überraschungen gut. Sie können die Familie mit Begabungen be-
reichern, von denen sich bisher nie einer etwas hat träumen lassen.
So manches Elternpaar, das sich für das eigene Kind nur eine Karriere
als Rechtsanwalt oder Fachärztin vorstellen konnte, schmückt später
die Wände voller Stolz mit dessen Gemälden und Zeichnungen. Der
Oberstudienrat, der jahrelang erbittert und oft am Rande der Verzweiflung den Kampf gegen die Legasthenie seines Ältesten führte,
korrigiert nun seine Klassenarbeiten an einem maßgeschreinerten
Schreibtisch der Luxusklasse, den sein Sohn als Gesellenstück ange-
fertigt hat – und fragt mehr sich selbst als seine Besucher: »Wer hat
das schon?«

Läßt man die Gründe, die Menschen dafür haben können, sich Kinder
zu wünschen, Revue passieren, so stellt man fest, daß sie allesamt an-
greifbar und, wenn es hart auf hart kommt, wenig stichhaltig sind.
Kein Wunder, wie Thomä zu bedenken gibt: Schließlich kommen sie
»von außen«, von »Menschen, die noch nicht Eltern sind«. Und wahrscheinlich sind wir mit dieser menschheitsgeschichtlich gesehen so
überaus jungen Frage ohnehin schlicht überfordert.
Einen triftigen Grund aber könnte es geben. Und der hat den Vorteil,
daß man ihn auch gut heißt, wenn das Kind längst auf der Welt ist:
Daß es nämlich – trotz aller Strapazen – verlockend sein könnte,
zwei Jahrzehnte mit ihm zu leben. Daß man sich auf die ausgedehnte
Gegenwart mit dem Kind freut. Der Weg ist dann gleichzeitig schon
das Ziel. Nicht *in,* sondern *mit* seinen Kindern lebt der Mensch, so
könnte man Medea korrigieren. Das allerdings nur für eine begrenzte
Zeit. Denn der Weg hat auch noch ein weiteres Ziel: Daß aus dem
Kind ein mündiger, selbständiger, verantwortlicher Erwachsener wird.
Das ist Ihnen zu prosaisch? Nun, es ist ja auch viel Arbeit.

Das Prinzip Verantwortung

»Kinder sind nicht Liebesersatz, Kinder sind nicht Ersatz für ein zerbrochenes Lebensziel, Kinder sind nicht Füllmaterial für die Leere unseres Lebens. Kinder sind eine Verantwortung und eine schwere Aufgabe.«

So lauten die Worte des Psychoanalytikers Wilhelm Stekel, die an Deutlichkeit nichts zu wünschen übrig lassen.

Kinder sind eine Verantwortung: Auf diesem Gedanken baut auch der Philosoph Hans Jonas seine gesamte Ethik auf. Verantwortung kann man nur gegenüber Schwächeren empfinden, die der eigenen Obhut anvertraut sind: »Eine deutliche Unebenbürtigkeit der Macht oder Befugnis gehört zu diesem Verhältnis.« Jonas meint deshalb, daß der biblische Kain eine gewisse Berechtigung für die gegenüber Gott geäußerte Frage »Bin ich der Hüter meines Bruders?« gehabt habe (die allerdings im Kontext der Geschichte natürlich nur zynisch wirkt). Im Unterschied zu anderen Verantwortlichkeiten ist die der Eltern für ihre Kinder prinzipiell unwiderruflich und unkündbar: Sie wurde, so Jonas, mit der Zeugung übernommen und gilt, bis die Kinder erwachsen sind. Sie ist deshalb für ihn der »Archetyp«, das Urbild aller Verantwortung, die Menschen übernehmen können. Zudem ist sie eine Form der Verantwortung, die jeder, der sie in seinem Leben übernehmen wird, schon von früher, aus der Beziehung zu den eigenen Eltern, kennt.

Verantwortung: ein strenges, hartes, unbeugsames Wort. »Ich habe schließlich die Verantwortung«, sagt der Vater zu seiner 16jährigen Tochter, wenn er von ihr verlangt, daß sie vor Mitternacht zu Hause sein soll. Aber wir kommen nicht um sie herum, denn »jeder weiß, was die subjektiven Bedingungen im Fall der Eltern sind: das Bewußtsein der eigenen totalen Urheberschaft; die unmittelbare Anschauung der anrufenden totalen Hegebedürftigkeit des Kindes; und die spontane Liebe«, sagt Jonas.

Der strenge Begriff ist ohne emotionale Unterfütterung nicht denkbar. Elterliche Verantwortung, die keine »Ferien« kennt, wird von der Liebe zum Kind zwar nicht getragen (sonst hätten liebende Eltern

nicht so schwer an ihr zu schleppen), aber doch entscheidend ge-
stützt. Diese intensive Erfahrung mit dem Prinzip Verantwortung ist
ein Privileg der Elternschaft. Sie ist ein Element in der Erziehung der
Gefühle, das anderswo in dieser Form wohl kaum zu haben ist. Sie ist
aber auch ein starkes Argument gegen jede Form von Bequemlich-
keit, gegen den von Korczak angeprangerten Versuch der Eltern, sich
so einzurichten, »daß uns die Kinder möglichst wenig stören, und daß
sie nicht ahnen, wer wir wirklich sind und was wir wirklich tun.«

Die neue Väterlichkeit

»Zu Pflegerinnen und Erzieherinnen unserer ersten Kindheit eignen
die Weiber sich gerade dadurch, daß sie selbst kindisch, läppisch und
kurzsichtig, mit einem Worte, Zeit Lebens große Kinder sind: eine
Art Mittelstufe, zwischen dem Kinde und dem Manne, als welcher
der eigentliche Mensch ist«, behauptet der Philosoph Arthur Schopenhauer.
Seine Worte haben eine beträchtliche Staubschicht angesetzt. Daß
Männer die eigentlichen Menschen seien, Frauen (und Kinder) von
diesem Ideal aber weiter entfernt, suggerieren in unserer Kultur heute zwar noch die Sprachen: Das französische »homme« steht für
Mann – und Mensch. Das englische Pluralwort »men« meint verein-
nahmend gleich die ganze Menschheit.
Die Befreiung der Frau war zunächst Befreiung von ihrer Rolle als
Mutter. Henrik Ibsens Dramenfigur Nora, gewissermaßen eine Pio-
nierin der Frauenbewegung, will nicht mehr vor allem »Gattin und
Mutter« sein, sondern schleudert ihrem Ehemann entgegen, »daß ich
vor allen Dingen ein Mensch bin« – und verläßt das Haus. Sie gibt
Schopenhauer insofern recht, als auch sie zu finden scheint: Um Kin-
der aufzuziehen, muß man selbst ein wenig kindisch sein, um aber ein
Mensch zu werden, muß man das »Puppenheim« (so der Untertitel
des Dramas) der Frauen und Kinder verlassen.
Das neue Menschenbild des ausgehenden 20. Jahrhunderts, das Schopenhauer so indiskutabel erscheinen läßt, hat dagegen viel mit Kin-

dern und viel mit der Welt der Gefühle zu tun. Der bekannte austra-
lische Familientherapeut, Erziehungsberater und Buchautor Steve
Biddulph behauptet in einem Interview klar und deutlich: »Immer
mehr Männer wollen eine kleinere Karriere und ein größeres, erfüll-
teres Leben«. Unter einem »erfüllteren Leben« versteht der Vater
zweier Kinder dabei ausdrücklich: Viel mit den eigenen Kindern zu-
sammensein, höchstens 20 Stunden in der Woche außer Haus arbeiten. »Ein Mann«, so behauptet er sogar, »wird erst richtig erwachsen,
wenn er Vater wird und diese Aufgabe auch annimmt.« Daß das neue
Männerbild nicht im Gegensatz zum Ideal des hartgesottenen Aben-
teurers und mutigen Einzelkämpfers stehen muß, daß Windelwechsel
und Fläschchenwärmen also durchaus den »ganzen Mann« fordern,
wußte schon der konservative katholische Schriftsteller Charles
Péguy. Von ihm stammt der schöne Satz »Familienväter – das sind die
großen Abenteurer der modernen Welt.«

Müssen Männer also ins Puppenheim – um sich zu entpuppen? Müssen sie die konkrete, alltägliche Verantwortung für Leib und Leben eines kleinen Kindes praktisch kennenlernen, um vollwertige Mitglieder der Gesellschaft zu werden?

Es gilt zu unterscheiden: Bevor ein Mann ein Kind gezeugt hat, sollte
ihm keiner einreden, er brauche diese Erfahrung unbedingt und sei
ohne sie kein ganzer Mann. Anders sieht die Sache aus, wenn er ein
Kind hat: Dann beweist sich Erwachsensein in der Annahme der
Verantwortung, die diese neue Rolle mit sich bringt. Und in der Be-
reitschaft, das väterliche Element beizutragen, das schon deshalb
höchstwahrscheinlich anders ist als das mütterliche, weil es keine ge-
schlechtsneutralen Erzieher gibt. Die Vaterrolle erscheint als **eine**
Möglichkeit männlicher emotionaler Reifung, und womöglich nicht als
die schlechteste. Aber was Frauen sich längst erkämpft haben, sollte
auch der »neue Mann« für sich in Anspruch nehmen (dürfen): Wahl-
möglichkeiten.

Ein Plädoyer für die Gelassenheit

Müssen Paare weise sein, ehe sie Kinder in die Welt setzen dürfen? (Gesetzt den Fall, sie wollen?)

Es gibt ja so viel zu bedenken: Warum wollen wir es überhaupt? Wollen wir es jetzt schon? Worauf werden wir verzichten müssen? Wer wird auf die Kinder aufpassen? Welche neuen Rollen kommen auf uns zu?

Was für Menschen sind wir überhaupt? Was haben wir unseren Kindern zu bieten? Materiell, intellektuell, und nun auch noch emotional?

Sind wir der Verantwortung gewachsen? Werden wir als Paar überhaupt zusammenbleiben? Haben wir die gleichen Erziehungsvorstellungen? Wie sehen wir unsere eigene Kindheit – rückblickend?

Die Biologie jedoch begrenzt die Zeit, die für das Nachdenken bleibt – ehe die anderen Fragen kommen: Sind wir jetzt nicht schon zu alt für Kinder? Werden wir uns noch darauf einstellen können?

So gut und wichtig all diese Fragen sind: Sie sind – menschheitsgeschichtlich betrachtet – noch sehr neu und deshalb ungewohnt. Und die Antworten sind samt und sonders anfechtbar. Die Gründe für oder gegen Kinder, für Kinder jetzt oder später, sind niemals hieb- und stichfest. Glücklicherweise schafft das Freiheit. Nein, keine grenzenlose. Aber gerade soviel, um den eigenen Gefühlen Gehör zu verschaffen. Im Zwiegespräch, versteht sich. Und nicht nur für die Frage, ob man es denn überhaupt wagen kann, Kinder in die Welt zu setzen. Sondern auch für die vielen Fragen, die erst auftauchen, wenn man sich dafür entschieden hat.

4. Teil

Die Erziehung der Gefühle in der Familie oder: Tummelplatz der Unterschiede

»Halten wir fest: Wir sind zur Gemeinschaft geboren. Unsere gesellschaftlichen Bindungen gleichen einem steinernen Gewölbe, das einstürzen würde, wenn seine einzelnen Steine sich nicht gegenseitig entgegenwirkten und es ebendadurch zusammenhielten.« *(Seneca)*

Nicht nur gleich gesellt sich gern zu gleich

Nehmen wir das Naheliegende an: Ein Mann und eine Frau bilden ein Paar. Sie bekommen ein Kind und leben zu dritt zusammen – oder vielleicht auch wenig später wieder zu zweit: als alleinerziehende Mutter oder alleinerziehender Vater mit Kind. Es mag sein, daß später ein neuer Partner hinzukommt, vielleicht auch ein neues Kind. Das erste Kind wird dann ein »großer Bruder« oder eine »große Schwester«. Die Menschen, die da zusammenleben, unterscheiden sich: nach Alter, Geschlecht, Größe – und natürlich vielem anderen mehr.
Einige Zeit später: Das erste Kind wird sechs Jahre alt. Zusammen mit neunzig etwa gleich großen, etwa gleich alten, völlig gleich ausgestatteten und etwa gleich angezogenen Menschen steht es ängstlich und erwartungsvoll in der Turnhalle einer Grundschule. Die sechsjährigen Menschenkinder werden in drei Gruppen geteilt. Jede der Gruppen zieht, angeführt von einer erwachsenen Person meist weiblichen Geschlechts, in einen Gemeinschaftsraum, dessen Mobiliar aus fünfzehn gleichen Holztischen und dreißig dazupassenden Stühlen in Einheitshöhe besteht, die in Blickrichtung zu einer Schiefertafel aufgestellt wurden. Der tausendfach durch Videoaufnahmen und Photographien verbürgte Vorgang ist unter dem Namen »Einschulung« bekannt.

Daß er so bekannt ist, hat einen Nachteil: Er ist uns so selbstverständlich geworden, daß wir keinen Abstand zum Geschehen haben. Versuchen wir trotzdem, ein wenig kritische Distanz zu gewinnen.

Die Grundannahme dieses Vorgangs namens Einschulung lautet: Nun sind die Kinder alt genug und haben die körperlichen und geistigen Voraussetzungen dafür, lesen und schreiben zu lernen. Es wäre ein bißchen teuer und aufwendig, das jedem Einzelnen, wie damals in Adelsfamilien, vom Privatlehrer beibringen zu lassen. Tun wir sie also der Einfachheit halber zusammen, das mögen sie ja ohnehin, denn zum Spielen treffen sie sich ja auch.

Die Annahme hat tatsächlich viel für sich: Bekanntlich freuen Kinder sich meist über die Gesellschaft von anderen Kindern. Schon Babys lächeln verzückt, wenn sie in ihrem Gegenüber ein kleines Kind erkennen. Im Kindergarten können sie nicht genug kriegen von den Spielen mit anderen Kindern. In Höfen und Parks, auf Spielplätzen oder in den Kinderzimmern der Nachbarschaft: Überall suchen sie die Nähe der Altersgenossen. Kinder erkennen augenscheinlich, daß die Wertschätzung, die ihnen die eigenen Altersgenossen entgegenbringen, für ihr gesamtes Leben eine entscheidende Rolle spielt und daß das, was sie mit ihnen zusammen erleben, eine besondere Bedeutung hat.

Und doch ist da ein Unterschied: Die Kinder auf dem Hof sind nicht alle gleich alt. Große spielen mit Kleinen, wenn auch in manchen Fällen nicht ganz freiwillig. Und wer genug hat vom Gewimmel, von Lärm und nicht zuletzt von Streit, der kann »nach oben« gehen, wo ihn vielleicht Erwachsene erwarten. Auch die Kinder in der Kindergartengruppe sind heute in den meisten Fällen »altersgemischt«. Bewußt wird dann darauf geachtet, daß Größere den Kleineren helfen, Kleinere sich von Größeren Anregungen holen. Und oft sind solche ungleichen Beziehungen dort die engsten.

Natürlich brauchen Kinder »Peer-Groups« von Gleichaltrigen. Und sie müssen lernen, sich in ihnen zu behaupten, das ist keine Frage. Es ist allerdings auch kein Problem, denn das Prinzip der Schulpflicht sichert für viel Jahre ausreichend Umgang mit Gleichaltrigen. Kinder brauchen aber auch den Kontakt zu Verschiedenaltrigen, zu

Erwachsenen der Eltern- und Großelterngeneration, zu jüngeren Erwachsenen, zu älteren und jüngeren Kindern. Sie wünschen sich im Durchschnitt, wie Umfragen ergaben, deutlich mehr gemeinsame Zeit mit Erwachsenen zusammen.

Der polnische Kinderarzt und Pädagoge Janusz Korczak, berühmt geworden als Gründer mehrerer Warschauer Waisenhäuser und Beschützer der elternlosen jüdischen Kinder, mit denen er in den Tod ging, warnt vor der »Uniform der Kindlichkeit«, die die Kinder nur in den Augen bestimmter Erwachsener tragen. Sie sind nicht alle gleich, nur weil sie gleich alt sind. Und sie haben sehr verschiedene Bedürfnisse.

In der Praxis bedeutet das: Sie brauchen gerade in den Jahren, in denen sie in Kindergarten und Schule wichtige Teile des Tages mit Peers verbringen, ihre Familie ganz besonders. Denn die ist, wie der Philosoph Dieter Thomä es ausdrückt, ein »Tummelplatz der Unterschiede«.

Damit aber ist sie auch der wichtigste Schauplatz der emotionalen Erziehung. Hier sind die Unterschiede mit Händen zu greifen: Manche Familienmitglieder sind Eltern und dürfen »immer bestimmen«, manche sind jünger und schwächer, machen Dummheiten, brauchen Schutz und Aufsicht, manche sind älter, nicht mehr so beweglich und bisweilen auf die Hilfe eines Kindes angewiesen, dafür aber ruhiger und gelassener als die Eltern und voller faszinierender Geschichten. Manche kommen von der Arbeit nach Hause, manche hüten das Haus und die Kinder. Jeder erlebt, wenn man auseinandergeht, etwas anderes. Alle haben etwas zu erzählen, wenn man sich wieder trifft. (Und die, die das nicht wollen, dürfen auch mal den Mund halten.) Und alle kann man trotz ihrer Marotten achten und mögen: Eine praktische Lektion in gelebter Toleranz also, ein Grundkurs in Menschenkunde – vor allem, wenn das Haus für Gäste aller Familienmitglieder offen ist!

Auch die Erwachsenen sind beileibe nicht immer einer Meinung. Man kann beobachten, wie sie dann miteinander reden und ob sie eine Lösung finden. Im Glücksfall kann man das von ihnen lernen. Oft fällt ein Kind als stummer Zuhörer bei Gesprächen nicht weiter auf und guckt den Erwachsenen dann eine Menge Kommunikationsstrategien ab.

Vor allem aber kann das Kind sicher sein: Denn es »gehört« zu dieser Familie, auch wenn es mal nicht gut drauf ist, vor sich hin muffelt, akut krank oder dauerhaft behindert ist. Auch wenn es etwas ausgefressen hat, können die Eltern ihre Elternschaft nicht verleugnen. Das Kind ist sich sicher: Sie lieben mich trotzdem. Ich bin ja ihr Kind.

Im Nest der Familie

Haben wir eine Idylle gezeichnet? Natürlich. Denn Eltern reden hierzulande, wie Untersuchungen ergaben, nur eine viertel bis halbe Stunde täglich mit ihren Kindern, Kinder werden weggeschickt, weil sie stören, sie sitzen stundenlang vor dem Fernseher, erleben dort Gespräche und Gefühlsäußerungen häufig vorwiegend »Second Hand«. Geliebtwerden und Geborgenheit sind, wie der Psychotherapeut Eckhard Schiffer feststellt, oftmals an Bedingungen geknüpft und »nur möglich, wenn vorher etwas geleistet, das heißt die Autonomie verraten worden ist«. Überall auf der Welt werden außerdem jeden Tag Kinder wegen kleiner oder größerer Vergehen oder ohne jeden »Grund« geschlagen und mißhandelt.

Doch wenn wir uns ernsthaft die Frage stellen, wie die Entwicklung der Emotionalen Intelligenz bei Kindern gefördert werden kann, so müssen wir einen positiven Entwurf wagen. Damit er realistisch und realisierbar wird, müssen Eltern allerdings stark sein und auch in schwierigen Zeiten im Bewußtsein bewahren: Wir sind es, die das Nest gebaut haben. Wir sind es, die die Kinder schützen müssen. Was man von gleichaltrigen Freunden der Kinder noch nicht erwarten kann, müssen Eltern jeden Tag beweisen: Daß sie mit ihren eigenen Gefühlen vernünftig umgehen und sie im Umgang mit dem Nachwuchs »im Griff« haben. Konzepte, die **nur** zeigen, was man »später« und in organisierter Form – etwa in der Schule – tun kann, um Aggressivität, die sich in hilfloser Gewalt entlädt, zu verhindern, greifen zu kurz. »Kinder«, so schreibt die Ethnoforscherin Jean Liedloff,

»brauchen das Gefühl, daß man sie ihrer Natur nach für soziale Menschen mit guten Absichten hält, die sich bemühen, das Richtige zu tun, und sie erwarten ein zuverlässiges Verhalten der Älteren als Orientierung«.

Was Kinder von Erwachsenen erwarten, das erwarten sie in allererster Linie von ihren eigenen Eltern, erst danach auch von anderen Erziehungspersonen, von Lehrern, Trainern, Verwandten oder Freunden der Familie. Die Eltern mit all ihren Stärken und Schwächen stehen dem Kind so nahe, daß – zumindest im ersten Lebensjahrzehnt – kein Erziehungs-»Profi« Chancen auf eine vergleichbare Wirkung hat.

Man sollte nicht künstlich trennen, was zusammengehört: Kinder lernen von ihren Vätern und Müttern die »Muttersprache«, sie sollten auch von ihnen lernen, *wie* man miteinander spricht, wie man dabei Gefühle zeigt, wie man Konflikte austrägt, wie man sich versöhnt. Und das lernen sie auf jeden Fall, wenn sie ihrer Sinne mächtig sind. Denn sie sind in den ersten Lebensjahren besonders erpicht auf erwachsene Vorbilder. Daniel Goleman nennt diesen Zeitraum ein »Fenster der Gelegenheit«: »Die beste Gelegenheit, die Bausteine der Emotionalen Intelligenz zu formen, ergibt sich in den ersten Lebensjahren«. Die Eltern haben es in der Hand, wie die Lektion aussieht.

Wenn Kinder in den Kindergarten und später in die Schule kommen, sind das erste Flugversuche außerhalb des Nestes der Familie. Natürlich dauert es lange, bis sie flügge sind. Doch die ersten Fluglehrer sind normalerweise die Eltern. Und dieses Privileg sollten sie sich nicht nehmen lassen.

Liebenswert trotz kleiner Fehler

Flugneulinge machen allerdings große und kleine Fehler. Aus »lauter Liebe« dann nicht einzugreifen, gehört auf jeden Fall zu den großen Fehlern der *Eltern*. Die Gründe reichen von Unsicherheit über Konfliktscheu bis zu dem Wunsch, es besser zu machen als die eigenen

Eltern, die womöglich nur an ihrem Sprößling »herumnörgelten« und kein gutes Haar an ihm lassen konnten.

Erziehung der Gefühle im »Nest« der Familie bedeutet: den Kindern zeigen, daß die sichere Grundlage der Liebe erhalten bleibt, auch wenn die Eltern kritisieren, korrigieren, ermahnen, schimpfen, strafen. Sie sollten ihnen signalisieren, daß man keinesfalls und in keinem Moment die ganze Person ablehnt, sondern immer nur einzelne Verhaltensweisen. In diesem Licht sollte auch die vieldiskutierte Frage neu gesehen werden, ob »ein kleiner Klaps einem Kind denn schaden« kann.

Eine körperliche Strafe wird mit großer Wahrscheinlichkeit als Angriff auf die »ganze Person« verstanden. Kommt sie noch dazu von denjenigen Menschen, die dem Kind sonst die meiste körperliche Zuneigung entgegenbringen, so kann sie verheerend wirken. Das Kind fühlt sich wegen eines Fehlers, den es vielleicht schon längst bereut, der aber doch im Vergleich zu seiner gesamten liebenswerten Person nur begrenzt und unbedeutend ist, grundsätzlich abgelehnt. Das wird nicht besser, wenn die Eltern nicht im Affekt, sondern vermeintlich »pädagogisch« erst nach reiflicher Überlegung schlagen: Dann sträubt sich nämlich nicht nur das Gefühl der Kinder, sondern auch das der Erwachsenen – wenn sie ein Gespür für ihre Emotionen haben – gegen diese angeblich notwendige Maßnahme.

Eine im erzieherischen Sinn gute Strafe, darin sind sich die Pädagogen seit langem einig, muß einen logischen Zusammenhang mit der »Tat« erkennen lassen. Nur dann kann ein Kind erkennen, daß nur ein Teilaspekt seiner Persönlichkeit nicht »in Ordnung« war. Fühlt es sich dagegen ganz abgelehnt, so wird es die Angelegenheit verdrängen und den Fehler verleugnen. Der Zugang zu den eigenen Gefühlen wird ihm dadurch schwerer.

Sinnvolle Strafen dagegen dienen der Wiedergutmachung, sie bringen etwas in Ordnung:

- Wer seiner kleinen Schwester etwas kaputt gemacht hat, baut zum Ausgleich zusammen mit ihr wieder etwas auf.
- Wer jemandem etwas weggenommen hat, schenkt dafür etwas anderes.

■ Wer heimlich zwei Stunden ferngesehen hat, statt die Vokabeln zu lernen, muß logischerweise auf die nächste spannende Sendung verzichten. Ihm kein Abendessen zu geben, geht dagegen am Problem vorbei. Schlimmer noch sind Sätze wie »Du bist böse« oder »Du machst mir nichts als Ärger«.

Liebe und Selbstachtung

Solche Bemerkungen kratzen am kindlichen Selbstbewußtsein. Und es ist nichts als berechtigter Selbstschutz, wenn Jugendliche in der Pubertät schon gelernt haben, sich dagegen abzuschotten. Die Psychologen Reinhard und Anne-Marie Tausch betonen, daß Selbstachtung und Selbstbewertung von Kindern und Jugendlichen am meisten durch die Eltern beinflußt werden: »Das Gernhaben, die Wärme und die Achtung, die Eltern und Mitmenschen ihnen entgegenbringen, sind dabei ausschlaggebend. Durch Äußerungen wie »Ich mag dich«, »Ich bin gern mit dir zusammen«, aber auch durch die Anteilnahme der Erwachsenen an ihrem Gefühlsleben, durch körperliche Berührung oder durch die Zeit, die andere ihnen widmen, lernen die Kinder und Jugendlichen, sich selbst als liebens- und achtenswert zu sehen.

In welchem Ausmaß es die Entwicklung der Kinder bestimmt, ob Eltern ihre Liebe zeigen, mag dabei erstaunen: Sprachliche Intelligenz, Zugehörigkeit zu einer sozialen Schicht, Schulform und Einkommen der Eltern haben, wie Untersuchungen ergaben, einen weit geringeren Einfluß auf die Selbstachtung der Kinder als die Form und das Maß, in dem ihre wichtigsten Bezugspersonen ihnen ihre Liebe körperlich und verbal beweisen.

Abgelehnt fühlen Kinder sich aber beileibe nicht nur, wenn sie wegen eines Vergehens zu hart oder falsch bestraft werden.

■ Im Alltag ist fast noch entscheidender, wie die erwachsenen Bezugspersonen reagieren, wenn ein kleiner Mensch etwas nicht auf Anhieb schafft. Ungeduld und Bemerkungen wie »Du bist aber auch zu ungeschickt!« unterminieren das Selbstbewußtsein manchmal dauerhaft. Auf diese Weise verfestigen sich besonders innerhalb von kinderreichen Familien schnell die Rollen: Wer sich einmal mit dem Hammer auf den Daumen schlug, ist »handwerklich unbegabt«, wer einmal falsch sang, kann »nicht singen«. Den Eltern ist später oft gar nicht bewußt, daß sie solch eine Bemerkung einmal laut gemacht haben.

■ Auch die Reaktionen auf einen kindlichen Wutanfall können geeignet sein, die Weichen falsch zu stellen: Manche Eltern ignorieren diese emotionalen Ausbrüche nach dem Motto »Er wird sich schon wieder beruhigen«. Bekommt ein Kind, das sich schreiend auf den Boden wirft, keinerlei Rückmeldung über sein Verhalten, so wird es beim nächsten Mal vielleicht die »Dosis« erhöhen und schauen, was dann passiert. Das Gefühl, das dahintersteht, wird es dagegen verdrängen und genauso, wie die Mutter oder der Vater es ihm vorgemacht haben, als »nicht existent« erklären. Beim nächsten Mal ist es seiner Wut dann wiederum hilflos ausgeliefert.

Wird auf Lautstärke mit Lautstärke reagiert und sonst nichts, fühlt sich das Kind zwar vielleicht ein wenig ernster genommen – immerhin hat überhaupt jemand bemerkt, daß es wütend ist! –, doch schlauer wird es aus der Sache auch nicht.

Kein Wunder: Keiner der Anwesenden hat ihm schließlich eindrucksvolle Proben Emotionaler Intelligenz gegeben!

So behält schließlich Korczak recht, nach dessen Beobachtung die meisten Menschen »auf dem Felde negativer Empfindungen Autodidakten« sind, »weil uns vom Alphabet des Lebens nur wenige Buchstaben gelehrt, die übrigen aber verschwiegen werden.«

Schon mit kleinen Kindern kann man über Gefühle reden, ihnen Fragen stellen, ihnen ihre Wut, aber auch die elterlichen Motive für ein Verbot erklären. Das ist, wohlgemerkt, kein Plädoyer für stundenlange intellektuelle Diskussionen mit zweieinhalbjährigen »Trotzköpfen«. Aber es lohnt sich, auf deren Wutanfälle zu achten, ihre Gefühle ernstzunehmen, ihnen Entgleisungen als solche deutlich zu machen und ihnen ganz allmählich und behutsam elegantere und effektivere Wege und Auswege zu zeigen. Die den Erwachsenen schließlich zur Verfügung stehen sollten…

■ Am schlimmsten mag die Unehrlichkeit sein, das weite Feld der »doppelten Botschaften«, die Kinder heillos in Verwirrung stürzen: Eine Mutter gibt einem quengelnden Kind im Supermarkt nach. Sie kauft die verlockende Süßigkeit, die an der Kasse liegt und die das Kind unbedingt haben möchte. Ihr Blick aber ist mißbilligend, strafend. Sie ist ganz offensichtlich unglücklich und nicht mit sich im Reinen. Doch das Kind kann ihre widersprüchlichen Gefühle nicht verstehen. Schließlich hätte sie es ja nicht »erlauben« müssen... Wenn Eltern etwas wirklich nicht wollen, **müssen** sie es verbieten, statt es mißbilligend zuzulassen. Welchen Vers sollen sich sonst die Kinder auf diese Maßnahme machen?

Erinnerungen und Geschichten

Kein Mensch war niemals ein Kind. Doch mit diesem einfachen Satz erschöpft sich die Palette der Gemeinsamkeiten auch schon. Kindheit im Palast, Kindheit in der Wellblechhütte, Kindheit im Krieg oder zu Friedenszeiten, Kindheit auf dem Land oder in der Stadt, Einzelkindheit oder Aufwachsen in der Großfamilie: Die Bedingungen sind denkbar verschieden.

■ Hat der eine seinen Vater nie gesehen, so ist er für eine andere Quell aller wichtigen Freuden der Kindheit, für einen dritten noch im hohen Lebensalter ein strenges »Über-Ich«.

■ Fühlt sich der eine als ersehntes Wunschkind und Projektionsfläche aller elterlichen Hoffnungen, so wird die andere schon im Grundschulalter ganz offen mit der Tatsache konfrontiert, eine »Pillenpanne« zu sein.

Die äußeren Bedingungen sind aber nicht alles. Im emotionalen Sinne reich kann auch eine materiell weniger gesegnete Kindheit unter schwierigen familiären Verhältnissen werden. Das ist keineswegs pure Romantik: Wichtig scheint nach allen psychologischen Erkenntnissen zu sein, daß es neben Problemen und Schwierigkeiten **auch** Wärme, Nähe, Offenheit, ehrliche und selbständig denkende Erwachsene und vielfältige Anregungen für alle Sinne gibt. So entsteht ein Fundus an

Erinnerungen, die im Erwachsenenleben Quelle für Inspiration, Kreativität, Menschenkenntnis und Glücksfähigkeit sein können. Einfache Dinge – Gerüche bei Streifzügen durch die Natur, Lieblingsgerichte, die Rituale der Festtage – schaffen dann Erinnerungen, die im späteren Leben kindliche Gefühle reaktivieren.

Berühmt geworden ist in diesem Zusammenhang ein eher unscheinbares französisches Teegebäck namens »Madeleines«: Der Geschmack dieser kleinen Kuchen versetzte den Schriftsteller Marcel Proust später zuverlässig in die »verlorene« Zeit seiner Kindheit und Jugend zurück, der er ein riesiges Romanwerk widmete.

Gemeinsame Mahlzeiten, Spiele und Ausflüge in die Natur mit allem Drum und Dran, zu dem immer das Reden und das Lachen gehört, sind der in der Familie gestaltete Kern, um den herum sich das Gefühlsleben eines neuen Erdenbürgers kristallisiert.

Besonders bei Familienfesten wird an der Familiensaga gebastelt: Heldengeschichten, Liebesgeschichten und das beliebte Thema »Wer sieht wem ähnlich?« schaffen Gemeinsamkeiten. Jugendliche revoltieren später mit Recht (und normalerweise ohne dadurch Schaden zu nehmen) gegen solche Vereinnahmungen, sie wollen weder »dem Vater aus dem Gesicht geschnitten« noch »so begabt wie Tante Gisela« sein. Einem kleineren Kind gibt es jedoch emotionalen Rückhalt und beträchtliche Sicherheit, in einer Gemeinschaft von offensichtlich selbstbewußten, lebenserfahrenen und starken Menschen zu leben und ihnen sogar »ähnlich« zu sein.

Doch die Zusammenkünfte mehrerer Generationen einer Familie haben noch eine weitere ganz wichtige Funktion: Hier wird auch über die Mitglieder der Familie gesprochen, die nicht mehr am Leben sind. Sie gehören dazu, solange von ihnen die Rede ist. Und daß Kinder dies mitbekommen, ist ein wichtiger Mosaikstein in ihrer emotionalen Entwicklung.

Emotionaler Smog

Mag sein, daß vollkommene Harmonie ein höchst erstrebenswerter Idealzustand ist. (Aber sogar darüber könnte man streiten.) Das normale Familienleben jedoch ist eher durchwachsen: Konflikte von früh (die Eltern haben Gäste, das Kind will nicht schlafen) bis spät (die Eltern wollen schlafen, der Jugendliche hat Gäste und hört laut Musik). Ist es nicht schrecklich? Da möchte man sich irgendwo in der Welt entspannen, und dann gibt es ausgerechnet zu Hause nichts als Streit und Probleme?

Nein, das ist nicht schrecklich, sondern wunderbar: Konflikte sind der ideale Stoff für die Entwicklung der emotionalen Kompetenz eines Heranwachsenden. Schon deshalb darf man sie ihnen nicht vorenthalten. Kinder haben ein Recht auf Meinungsverschiedenheiten mit den Eltern. Die Frage ist nur, wie sie ausgetragen werden.

Thomas Gordon, dem Erfinder der »Familienkonferenz«, gebührt das Verdienst, eine Reihe sehr einfach klingender, aber höchst effektiver Regeln für die Lösung von Konflikten zwischen Eltern und Kindern zusammengestellt zu haben. Seine Methode »funktioniert«, weil sie eine tragfähige Basis hat: Er ermuntert Eltern, die Gefühle ihrer Kinder kennenzulernen und zu akzeptieren, ebenso aber auch die eigenen Bedürfnisse wichtigzunehmen.

Von ihren Bedürfnissen und Gefühlen her sind beide Generationen gleichwertige, gleichberechtigte Partner. Was jedoch die Fähigkeit betrifft, sie zu erkennen und in der geeigneten Form mitzuteilen, haben Erwachsene üblicherweise einen meilenweiten Vorsprung. Den sollten sie nutzen, um in der Sachfrage gemeinsam zu einer optimalen Lösung zu finden. Sie sollten den Vorsprung gleichzeitig aber auch deutlich machen, um ihn zu verkleinern. Denn das Kind lernt nur am konkreten Fall, wie man Konfliktlösung bewerkstelligt.

Konflikte können entstehen, weil Eltern etwas von den Kindern verlangen, was diese nicht tun wollen: »Zieh dir eine Mütze an, es ist kalt draußen!« Dann lohnt es sich, durch »aktives Zuhören« die Gründe für die Ablehnung herauszufinden. (Ist die Mütze vielleicht nicht mehr »in« und könnte das Gespött der Klassenkameraden heraufbeschwören?) Konflikte ergeben sich nicht gerade selten, weil Kinder die Eltern mit ihrem Verhalten stören (die laute Musik, das Chaos in der Küche).

Für Gordon ist dies der richtige Zeitpunkt, eine »Ich-Botschaft« auszusenden: Schließlich sind es die Gefühle der Eltern, die sich in solchen Fällen melden, und manche Kinder und Jugendlichen wissen überhaupt nicht, daß es die gibt!

Aber die Konflikte müssen auch gelöst, und nicht nur ausgesprochen werden. Der Weg für eine »niederlagenfreie« Lösung wird erst frei durch das Ernstnehmen dessen, was die andere »Partei« bewegt. Das setzt allerdings ein Gespräch der Parteien voraus. Die Lösung kann in einem Kompromiß oder in einem kreativen neuen Einfall bestehen. Sie kann allerdings auch ganz auf der Ausgangslinie eines der beiden Kontrahenten liegen. Die Hauptsache ist, daß sie gemeinsam gefunden wurde. Dann hat keiner das Gesicht verloren und jeder hat eine Menge über den anderen erfahren. »Emotionaler Smog«, der in Form unausgesprochener Vorwürfe oder unausgetragener Konflikte oft wochenlang die Luft der Wohnzimmer dick und das Atmen schwer macht, kann durch intelligenten emotionalen Umweltschutz beseitigt werden.

Das geräumige Nest

Alleinerziehender und Alleinkind: das ist die kleinste Form der Familie. Besonders in den Großstädten ist sie auf dem Vormarsch, und meist ist es die Mutter, die mit dem Kind zusammen lebt. Sie versucht oft unter Aufbietung all ihrer Kräfte, den Lebensunterhalt für beide zu verdienen, eine gute Mutter zu sein, den Haushalt zu führen, den Vater zu »ersetzen« und als Frau für einen möglichen neuen Partner attraktiv zu bleiben. Zum Dank muß sie sich von unsensiblen, trampeligen (und emotional augenscheinlich wenig kompetenten) »Experten« für Erziehung – die es im Einzelfall bis zum Schulleiter gebracht haben können – dann noch anhören, es sei kein Wunder, wenn ihr Kind in der Schule versage, und wahrscheinlich werde es eines Tages auch drogenabhängig werden.

Da hilft nur eine gehörige Portion Selbstbewußtsein und die Überzeugung: Wir sind wer. Mein Kind und ich, wir sind eine Kernfamilie. Wie Peter Handkes »Kindergeschichte« eindringlich zeigt, haben ein

Erwachsener und ein Kind, die »allein« zu zweit zusammen leben, oft ein größere Nähe zueinander als die Mitglieder einer großen Familie, deren Kontakte auch unverbindlich und im Bewußtsein der »Ausweichmöglichkeiten« ablaufen können.

Wenn der harte Kern verläßlich und selbstbewußt genug ist, kann das Nest aber auch ohne Gefahr zeitweise vergrößert werden. Stellen Sie sich vor, dort gehen viele andere Erwachsene und Kinder, Großeltern, Freunde und Spielkameraden aus und ein. Dann kann vor allem derjenige Teil der Emotionalen Intelligenz, der sich auf das Verstehen der Gefühle der Mitmenschen und den Umgang mit ihnen erstreckt, also die soziale Kompetenz, von dem Kind weit besser trainiert werden, als wenn es dazu stets nur einen Charakter, nämlich den des alleinerziehenden Elternteils, als Anschauungsmaterial zur Verfügung hat. Zu leicht wird sonst ein (erwachsener) Mensch das Maß aller Dinge. Und das ist auch für den Umgang mit dem anderen Elternteil, den das Kind oft nur besucht, keine gute Voraussetzung.

Auch die Eifersucht, die ein Kind fast zwangsläufig durchmacht, wenn die alleinerziehende Mutter oder der alleinerziehende Vater einen neuen Partner zu Besuch oder »für immer« mit in die Wohnung bringen, gehört mit zum Stoff, aus dem Emotionale Intelligenz entstehen kann. Vorausgesetzt, die Erwachsenen sind sensibel genug, diese Eifersucht zu erkennen und mutig genug, um sich der Herausforderung zu stellen.

Es gibt ein Leben nach dem Nest

»Ich ging mit sechzehn von zu Hause weg, um ein eigenes Leben zu führen. Meine Eltern waren wütend und bestürzt und glaubten, sie hätten versagt. In Wirklichkeit jedoch bewies mein Entschluß, daß sie gute Eltern waren. Sie hatten mich so erzogen, daß ich mich stark und selbständig genug fühlte, wegzugehen, mir eine Arbeit und eine Wohnung zu suchen.« Was hier eine junge Erwachsene rückblickend zu Protokoll gibt, mag extrem klingen: Sechzehn ist schließlich noch sehr jung! Andererseits: Ist die Entscheidung eines italienischen Richters, ein berufstätiger Mitvierziger habe durchaus noch das Recht, bei Mamma zu wohnen, und sie dürfe nicht das Wohnungsschloß auswechseln, um ihn endlich loszuwerden, nicht deutlich extremer?

Nestwärme ist nicht abhängig von der Verweildauer. Deshalb ist die Mutter des Mitvierzigers auch nicht herzlos und gefühlskalt, sondern schlicht im Recht. Man hätte ihr schon weit früher die nötige Entschiedenheit gewünscht.

Das vielzitierte bequeme »Hotel Mama«, in dem auch erwachsene Kinder keine Veranlassung sehen, sich wohnungsmäßig auf eigene Füße zu stellen, ist außerdem nicht das gleiche wie ein häusliches Nest, in dem sich Kinder geborgen fühlen können. Das Elternhaus als Hotel ist ein Dienstleistungszentrum, das warme Mahlzeiten und Wäscheservice bietet. Wo trotzdem keiner auf die sturmfreie Bude verzichten muß, die die Voraussetzung für ein eigenes Sexualleben bildet, und das alles meist zum Nulltarif.

Im Nest dagegen leben kleine Menschen, die noch nicht flügge sind, mit großen zusammen, die für sie sorgen. Werden die Kleinen größer, so haben sie den natürlichen Drang – und werden, wenn es am Drang fehlt, hoffentlich gedrängelt –, ihren Fähigkeiten gemäß Gemeinschaftsaufgaben zu übernehmen. Ein Nest ist keine Dauereinrichtung. Was dem Wachstum der Kleinen dient, würde Ältere nur ersticken. Sobald einer flügge ist, sollte er seine neuen Fähigkeiten nutzen.

Ein Plädoyer für den Gluckenvater

Es gibt kein Zurück: Keine Frau will eine Gluckenmutter sein. Das Wort hat einen ausgesprochen negativen Beigeschmack: Da schwingt »overprotective« mit, überbehütend, übervorsichtig, überängstlich, klammernd. Und am bedenklichsten ist in unserer mobilen Gesellschaft: Die Glucke ist ans Haus gebunden.

Gut also, wenn es kein Zurück gibt. Aber ist es nicht auch schön, wenn sich morgens jemand um das Schulbrot kümmert und sich dafür interessiert, ob der Sohn das Regencape und die Tochter den Turnbeutel mitgenommen hat? Wird die unvermeidliche Erkältung nicht ein wenig angenehmer, wenn da jemand ist, der mit Wadenwickeln das Fieber senkt oder mit dem Märchenbuch in der Hand von den Kopfschmerzen ablenkt? Und wirkt der Liebeskummer nicht weniger niederschmetternd, wenn man hört, daß auch schon früher...

Es gibt kein Zurück, aber möglich ist die Flucht nach vorn. Die Glucke hat nur deshalb einen schlechten Ruf, weil sie den ganzen Tag auf ihren Lieben sitzt, besitzergreifend, ausschließlich und vor allem viel zu lange. Daß es Zeiten gibt, in denen sie gebraucht wird, stimmt trotzdem. Wenn mehrere sich das Glucken teilen – wie bei manchen Vogelarten üblich – sieht die Bilanz besser aus: Das warme Nest bleibt erhalten, die Gefahr, eines Tages Gegenleistungen für die »Bemutterung« zu fordern, wird geringer, und niemand ist auf die Rolle der Glucke festgelegt. Das Fazit drängt sich förmlich auf: Glucken**väter** braucht das Land. Und sei es nur auf Teilzeit-Basis.

Ausflug in die Gegenwart
»Kindergeschichte« – der väterliche Blick auf die Tochter

»Es war nicht bloß Verantwortung, was der Mann bei dem Anblick des Kindes fühlte, sondern auch Lust, es zu verteidigen, und Wildheit: die Empfindung, auf beiden Beinen dazustehen und auf einmal stark geworden zu sein.«

Ein Mann wird Vater. Daß er von Beruf Schriftsteller ist, hat für die Vaterschaft zwei Folgen: Als »Heimarbeiter« sieht er sein Kind den ganzen Tag. Als die Mutter des Kindes sich, zunächst berufsbedingt, von der Familie entfernt, ist es deshalb naheliegend, daß er zum prak-

tisch alleinerziehenden Hauptansprechpartner seiner Tochter wird. Daß diese Konstellation bald zum Thema des Autors wird, liegt nahe. In der »Kindergeschichte« macht der österreichische Schriftsteller Peter Handke die Vater-Tochter-Beziehung öffentlich. Natürlich erzählt er nicht »alles«, und auch die Schauplätze der Geschichte und die Namen und Berufe der handelnden Personen gibt es nur umschreibend zu erkennen. Aber einige Alltagssituationen werden sehr genau – und, was den Vater betrifft, auch schonungslos – unter die Lupe genommen. Das gibt dem Leser unter anderem die Gelegenheit, Einblick in die Etappen der emotionalen Entwicklung innerhalb einer »Kernfamilie« zu gewinnen. Ein »Elternteil« bringt hier sprachlich auf den Punkt, was viele aus eigener Erfahrung kennen.

»Jetzt wurde das Leben notwendig grundanders«, stellt der junge Vater fest, kaum sind Mutter und Tochter aus dem Krankenhaus entlassen. Und genau das war ja **ein** Grund dafür gewesen, sich ein Kind zu wünschen: Das Leben sollte anders werden! Doch während der stundenlangen nächtlichen Wanderungen durch die Wohnung und während der Tage, an denen er sich »zu Hause gefangen« fühlt, hat er das bittere Gefühl, daß das Leben, statt sich endlich aufregend und abenteuerlich zu gestalten, nun »für lange Zeit aus« sein könnte.

Meinungsverschiedenheiten mit der Mutter des Kindes kommen hinzu: »Sie hielt sich an die Bücher und die Verhaltensregeln der Fachleute«. Den Dichter dagegen empören deren Ratschläge als »unerlaubte und vermessene Eingriffe in das Geheimnis zwischen ihm und dem Kind«.

Trotz solcher Widrigkeiten fühlt er jedoch von Anfang an: »Hier ist sein Platz«. Und er verteidigt seinen neuen Alltag gegen alte Freunde, die die Weltrevolution für dringlicher halten als die Pflege von Kinderpopos.

Denkt er später an das Kleinkind zurück, so bleibt in Erinnerung, »daß es sich freuen konnte, und daß es empfindlich war«, und diese emotionalen Fähigkeiten erscheinen ihm sehr kostbar. Manchmal fühlt er sich dem Kind so nahe, daß er glaubt, nicht die Frau, sondern erst das Kind sei »das Richtige« für ihn. Seine Gefühle für die Partnerin, das muß er aus der späteren Perspektive erkennen, haben sich auch dadurch verändert, daß er sie nun, seit das Kind auf der Welt ist, nicht mehr bei ihren öffentlichen Auftritten, sondern nur in der »Beengtheit des Haushalts« erlebt. Und er macht sich rückblickend auch Vorwürfe, viele vertraute Gesten und Rituale von der Beziehung zur Partnerin einfach auf die zum Kind übertragen zu haben.

Vater und Tochter bilden noch eine Einheit: »Sie ist zwar nicht ungern unter den andern, aber sie gehört zu ihm und hat ihn längst erwartet.« Manchmal scheint es ihm, als betrachte ihn das Kind ganz selbstverständlich als den »zuständigen Leibwächter«. Und diese dienende Funktion nimmt er bewußt an. Doch weiß der Vater von Anfang an, daß ihre privilegierte Beziehung zueinander befristet ist, und deshalb fördert er den Kontakt zu den anderen: »Dem Erwachsenen zeigt sich sein Angehöriger erstmals als jemand Selbständiger, unabhängig von dem da stehenden Elternteil – und soll in solcher Freiheit auch bestärkt werden!« Durch den Kontakt zu anderen Erwachsenen will er das Kind von der »Beschränkung auf das Elternpaar« lösen, jene »großmächtigen Pflichtfiguren«.

Im Neubaugebiet im Grünen gründet er später sogar eine Spielgruppe, um die Tochter mit Altersgenossen zusammenzubringen. Dort leidet nicht nur die Tochter, sondern, so will es scheinen, vor allem der Vater darunter, daß sie »beschimpft, geschlagen und verspottet« wird, ohne sich zu wehren. Obwohl er sieht, daß das wehrlose Kind sich als Opfer geradezu anbietet, kann er sich nicht dazu entschließen, es – wie manche anderen Eltern – »für den Kampf zu rüsten«. Als nach den Anfangsschwierigkeiten eine Art Gruppengefühl entsteht, ist es wie eine Erlösung. Der Vater fragt sich sogar, ob nicht die Altersgenossen die eigentlichen Angehörigen eines Kindes, »und die Erwachsenen im besten Fall bloße Sorgeberechtigte« seien.

Einmal schlägt er seine Tochter, gestreßt nicht nur von deren Forderungen, und er kann sich von seinem Entsetzen erst befreien, als er einem Dritten die Tat gebeichtet hat.

Zweimal gibt es danach einen Ortswechsel, der für beide einschneidend ist. »Was für mich gut ist, ist auch gut für dich« sagt er noch, als er mit der Fünfjährigen in die »ferne Weltstadt« zieht, wo sie eine neue Sprache lernen und Bekanntschaft mit verschiedenen Schulen schließen wird. Später wird umgekehrt das Kind der Grund für die Rückkehr ins »heimatliche Sprachgebiet«, wo es seine Schulzeit beenden soll.

Die »Kindergeschichte« zeigt einen Erwachsenen, der sein Leben so einrichtet, daß er ein Kind durch die ersten Jahre begleiten kann. Dieser Erwachsene ist privilegiert: Er hat durch frühere Arbeiten genug Geld verdient und ist auch jetzt »gefragt« genug, um sich in dieser Erziehungsphase auf kleinere Projekte beschränken zu können, hauptberuflich aber für seinen »unmündigen Lebensgefährten« dazusein. Natürlich leidet er streckenweise unter der brachliegenden Kreativität, aber wenigstens kommt er dadurch nicht in Not, die anderen Alleinerziehenden, die ganz »zuhause« bleiben wollen, langfristig normalerweise drohen würde. Privilegiert ist er aber auch durch seine Fähigkeit (und seinen erklärten Willen!) zur wachsamen, genauen Beobachtung von Alltagssituationen. Er sieht seinem Kind in die Augen, er schaut ihm beim Spielen zu, er spricht mit ihm, er versucht es zu verstehen. Aber er behauptet nie, es zu kennen. Das Kind gibt nur ein »Wahrheitsmaß« an, nach dem er sich richten will, es verkörpert ein »Gesetz«, das er selber »entweder vergessen oder nie gehabt« hat.

Er beobachtet auch sich selbst, zum Beispiel die eigene Sprache, die sich wandelt, seit das Kind auf der Welt ist: »Dem Umgang mit dem Kind hatte der Erwachsene es jedenfalls zu verdanken, daß ihm die vielgeschmähten großen Wörter von Tag zu Tag faßlicher wurden.« Was als altmodisches Pathos erschien, wird plötzlich brauchbar und alltagstauglich.

Die großen Gefühle gibt es nicht nur im Kino, sondern auch im Einfamilienhaus am Stadtrand, merkt der junge Vater. »Wortlose Gemeinschaftlichkeit«, ein Wunsch aus den Jugendtagen des Dichters, wird im Umgang mit dem »persönlichen Lehrherrn« Kind möglich.

Wichtige Stationen der Entwicklung eines Kindes, eines Vaters und einer Vater-Tochter-Beziehung werden in der »Kindergeschichte« offengelegt:

Verzweiflung über die Ansprüche der neuen »Rolle« zu Beginn, Bewunderung, Nähe, Austausch, Angst und Ablösung im weiteren Verlauf. In ihrer aufeinander bezogenen emotionalen Entwicklung sind beide einmalig, wie wir alle. Und einfühl-bar, wie wir alle.

5. Teil

Etappen der emotionalen Erziehung oder: Kinder »groß ziehen«

»Ein gutes Kind. Man sollte sich davor hüten, gut mit bequem zu ver-wechseln« *(Janusz Korczak)*

Was heute stimmt, ist morgen falsch

Erziehung ist schon ein paradoxes Geschäft:
Das große Ziel liegt in weiter Ferne, der glückliche, gesunde, schöne, allseits gebildete, liebesfähige, beliebte, geliebte, engagierte, kluge und ausgeglichene erwachsene Mensch, der ein selbständiges Leben in materieller Sicherheit führen kann.
Die kleinen Ziele bestimmen den Alltag, das gesunde und zufriedene Kind, mit dem hier und heute ein harmonisches Zusammenleben möglich ist.
Doch zum Wesen des gesunden und glücklichen Kindes gehört nun mal die Veränderung. Was sich heute als Regel im Zusammenleben bewährt hat, ist morgen unter Umständen schon Makulatur. Das Wachstum des Sprößlings verurteilt die Erziehungsbemühungen der Eltern zum Qualitätsverlust, wenn sie ihrerseits stehenbleiben und sich nicht mitverändern. Nicht zuletzt deshalb ist das Zusammenleben mit Kindern so anstrengend, vor allem beim ältesten Kind, dem »ersten Durchgang« der meist noch ahnungslosen Eltern durch die Etappen der kindlichen Entwicklung. Die Förderung der Gefühlskompetenz macht – wie sollte es für einen ständigen Begleiter auch anders sein? – alle Etappen dieser Entwicklung mit.

Kleines Kind, dicke Bücher

»Die ersten drei bis vier Lebensjahre sind eine Zeit, in der das Gehirn des Kindes auf rund zwei Drittel seines endgültigen Volumens anwächst und in der seine Komplexität schneller zunimmt, als es je wieder der Fall sein wird. In dieser Phase laufen wichtige Lernprozesse leichter ab als im späteren Leben, darunter vor allem das emotionale Lernen«. So faßt Daniel Goleman zusammen, was die Hirnphysiologie heute weiß. Besonders im ersten Lebensjahr werden die 100 Milliarden Zellen im Gehirn mit atemberaubender Geschwindigkeit verknüpft. Im Alter von zwei Jahren besitzt das Kleinkindergehirn doppelt so viele Verknüpfungen wie das seiner Eltern und verbraucht doppelt so viel Energie. Die Stimulation durch Anregungen von außen ist dabei für die Gehirnentwicklung ganz entscheidend.

Junge Ratten, die isoliert von der Umwelt in Käfigen aufwuchsen, entwickelten in Versuchen deutlich weniger Schaltstellen als ihre Altersgenossen, die in einem anregenden Umfeld groß wurden. Kinder, die nur selten gestreichelt und nicht intensiv zum Spielen angeregt werden, haben ein bis zu einem Drittel kleineres Gehirn als Gleichaltrige, die liebevoll umsorgt werden. Diese Erkenntnisse untermauern, was zu Beginn dieses Jahrhunderts Sigmund Freud als revolutionäre Erkenntnis seiner Psychoanalyse zugrunde legte und was seitdem als Binsenweisheit der Pädagogik und Psychologie gelten darf: In der frühen Kindheit werden die entscheidenden Weichen für die Persönlichkeitsentwicklung gestellt.

Seitdem die Theorie des »Unbewußten« popularisiert wurde und das Wissen um die Bedeutung der »frühkindlichen Prägung« sich Bahn brach – seitdem es also die Spatzen von allen Dächern pfeifen, wie wichtig die ersten Lebensjahre eines Menschen für seine weitere Entwicklung sind –, haben besonders Eltern als (Früh-)Erzieher ein ziemlich schweres Päckchen zu tragen. Denn wer, wenn nicht sie, gestaltet im Normalfall hierzulande die allererste Lebensspanne der Kinder? Großeltern, Freunde, Fernsehen, Zeitungen und Ratgeberliteratur bürden ihnen nicht selten in der guten Absicht, die Aufgabe zu erleichtern, weitere schwere Laststücke auf. Doch was bleibt jungen

Eltern angesichts der riesengroßen Verantwortung anderes übrig, als sich umfassend zu informieren und über das Dauerthema »richtige Erziehung« unverdrossen und ausdauernd nachzudenken?

»Seit der Intellekt mit seinem Bündel von Theorien das Feld der Erziehung übernommen hat, sind die Wechselfälle, denen menschliche Kleinkinder ausgesetzt waren, vielzahlig und schrecklich«. So beschreibt die Ethnoforscherin Jean Liedloff die Kehrseite der Medaille, nach dem Motto: *Wenn Eltern zu viel lesen.*

»In den ›fortgeschrittenen‹ Ländern ist es üblich«, empört sich die Autorin, »sich ein Buch über Babypflege zu kaufen, sowie ein Neuankömmling erwartet wird«, statt auf die eigene angeborene Fähigkeit zu vertrauen.

Nur: Wer diese Zeilen liest, hat sich zumindest schon das Buch von Jean Liedloff gekauft, und die Empörung der Autorin darüber dürfte sich in Grenzen halten. Außerdem ist ausgerechnet dieses Buch ein sehr anregendes und lehrreiches Werk, das viele neue Anstöße zum Umgang mit kleinen Kindern geben kann und das in unserer Kultur eigentlich Pflichtlektüre für alle werdenden Eltern sein sollte. Die Amerikanerin hat viele Jahre zusammen mit Yequana-Indianern im Dschungel Venezuelas gelebt und den dortigen Umgang mit Babys und Kleinkindern mit ihren Erfahrungen aus der »zivilisierten« Welt verglichen. Was lag näher, als ihr neuerworbenes Wissen für alle, die der Erziehungsphase keine monatelangen Exkursionen in den südamerikanischen Urwald voranstellen können, schriftlich niederzulegen?

Liedloffs Haupterkenntnis: Während in den USA unzählige Babys durch ihr andauerndes und durchdringendes Geschrei den Eltern den »letzten Nerv rauben«, sind die Indianerkinder auffallend ruhig und zufrieden. »Die Logik der Natur«, so meint die Autorin, »verbietet den Glauben an die Evolution einer Spezies, für die es charakteristisch ist, ihre Eltern millionenfach zur Raserei zu treiben«. Die Annahme, daß Babys »nun mal schreien«, stehe deshalb auf wackligen Füßen. Es seien im Gegenteil ausgesprochen angenehme und friedliche (weil zufriedene) Zeitgenossen, wenn man sie nur richtig behandle.

Was aber machen die Yequana anders?

Sie tragen ihre Säuglinge in denen ersten Monaten immer bei sich. Dabei gehen sie jedoch ihren erwachsenen Beschäftigungen nach und betrachten das Baby keinesfalls als Mittelpunkt ihres Lebens. Dennoch wird es nicht im Stich gelassen. Es spürt Nähe und Körperwärme, seine Bedürfnisse können sofort befriedigt werden, es bekommt vielfältige Anregungen und kann abwechslungsreiche, entspannte Haltungen einnehmen. Die körperliche Nähe zur Mutter steigert das eigene Lebensgefühl, das Dabeisein fördert früh die soziale Kompetenz. Jean Liedloffs Buch hat sicher viel dazu beigetragen, daß es in Europa und den USA heute so viele junge Eltern gibt, die im wahrsten Sinne des Wortes »tragende« Rollen spielen.

Vielleicht ist die Annahme wirklich nicht ganz abwegig, daß die in den letzten 20 Jahren in Mode gekommenen Tragetücher und »Snuggly«-Sitze für die Entwicklung der emotionalen Kompetenz von Babys in westlichen Gesellschaften eine ganz entscheidende Bedeutung haben? Einer der besten Vorschläge von Jean Liedloff wird heute schon vielfach praktiziert, wie man in Supermärkten sehen kann: Nehmen Sie Ihr Kind auf den Arm und legen Sie die Einkäufe in den Kinderwagen! Vielleicht sind beide gleich schwer, aber das Kind und der erwachsene Einkäufer haben etwas davon, Nähe zu spüren und auf diesem Wege Anregungen auszutauschen.

»Überall hin« aber können die wenigsten Mütter hierzulande ihre Säuglinge mitnehmen. In den meisten Büros dürfte es zum Beispiel Schwierigkeiten geben. (Womit nicht gesagt sein soll, daß es nicht schon Chefinnen und Chefs gibt, die genug emotionale Kompetenz besitzen, um die Vorteile zu erkennen, die für alle Beteiligten entstehen, wenn qualifizierte Mitarbeiterinnen ihre zufriedenen kleinen Kinder zeitweise mit an den Arbeitsplatz mitbringen, statt dort jahrelang eine Lücke zu hinterlassen.)

Im Verhältnis 1:1 werden sich Erkenntnisse, die in fremden Kulturen und unter vollkommen andersgearteten ökonomischen und sozialen Bedingungen gewonnen wurden, nie übertragen lassen. Eltern, die das versuchen, geraten leicht in Gefahr, sich und ihre Kinder unglücklich zu machen.

Am Beispiel von Jean Liedloffs Buch läßt sich jedoch eines deutlich erkennen: Das wichtigste im Umgang mit Ratgebern ist, sie *emotional intelligent* zu lesen!

Holen Sie sich Anregungen und prüfen Sie einleuchtende Vorschläge auf ihre Realisierbarkeit im eigenen Leben. Geben Sie das eigene Selbstbewußtsein nicht schon beim Lesen des Vorworts ganz ab: Der Kauf des Buchs zeigt schließlich, daß man sich auch vor der Lektüre bereits Gedanken über die Erziehung gemacht hat! Und mancher Vater und manche Mutter sind, so hört man, übrigens ganz von selbst auf die Idee gekommen, ihr Kind möglichst viel mit sich herumzutragen und es, sooft es nur geht, zärtlich zu knuddeln.

»Kein Buch und kein Arzt«, so der Arzt Janusz Korczak, »können das eigene wache Denken, die eigene sorgfältige Betrachtung ersetzen«. Aber er schreibt dies *in einem Buch!*

Die Publizistin Christiane Grefe behauptet, manche Mütter guckten »ihrem Schätzchen nicht nur deshalb häufig tief in die Augen, weil es ihr zärtlich geliebtes Baby ist, sondern auch, weil sie gelesen haben, daß häufiger Blickkontakt mit der Bezugsperson schneller aufgeweckte Persönlichkeiten hervorbringt«. Sie übertreibt *in einem Buch!*

Daß ausgerechnet Erziehungsbücher so eindringlich vor den Gefahren der Erziehungsbücher warnen, spricht natürlich für die Begabung der Autoren zur Selbstkritik – falls sie nicht grundsätzlich die Bücher der anderen meinen. Passender scheint dennoch der Hinweis, daß die Bücher *richtig* gelesen werden müssen. Nicht als Ersatz für die eigene Beobachtung, sondern als deren Ergänzung.

Die größte Gefahr liegt vielleicht in der fast schon masochistischen Art der Mütter von älteren Kindern, die ein solches Buch lesen und in tiefe Depressionen stürzen, weil sie sehen, was sie alles falsch gemacht haben, jetzt, wo es »zu spät« ist.

Daß man ein Hilfsmittel falsch benutzen kann, hat aber noch nie grundsätzlich gegen das Hilfsmittel gesprochen.

Das egozentrische Kind

So schnell ist es übrigens gar nicht zu spät: Weder Freud noch Liedloff noch Goleman behaupten, alles sei gelaufen, wenn die frühe Kindheit vorbei ist. Und in Sachen emotionale Kompetenz können wichtige Teile des »Lernprogramms« sogar erst jetzt beginnen. Kommt es im Babyalter vor allem darauf an, dem neuen Erdenbürger möglichst viel Liebe zu schenken und das Gefühl der Geborgenheit zu vermitteln, das die Voraussetzung für ein »Urvertrauen« in die Eltern und in das Leben bildet, so steht jetzt die Aufgabe im Vordergrund, ihn allmählich, ganz allmählich zu einem sozial denkenden Menschen zu machen.

Dazu gehört zum Beispiel, daß das Kindergartenkind lernt, die Befriedigung von eigenen Bedürfnissen aufzuschieben. Das kleine Kind ist kein hartgesottener »Egoist«, wenn es nur an sich und an den Augenblick denkt. Es ist nur in einem egozentrischen Weltbild befangen und lebt, wie Korczak es treffend ausdrückt, »aus Mangel an Erfahrung nur für den Augenblick«.

Doch was jetzt noch normal ist, muß sich im Laufe der Zeit ändern. Begriffe wie »später«, und die Vorstellung, daß auch der Mitmensch ein fühlendes Wesen ist, sind für ein Kindergartenkind inzwischen schon verständlich: Es kann also auf die Befriedigung seiner Bedürfnisse warten und es kann Mitleid zeigen, wenn andere offensichtlich leiden.

Von Goleman zitierte psychologische Untersuchungen an Kindergartenkindern zeigen: Vorschulkinder, die es schaffen, »Triebaufschub« zu leisten, haben später mehr Erfolg in Schule und Beruf.

In einem Versuch wurden zum Beispiel verlockende Marsh Mallows vor jedem Kind einer Kindergartengruppe ausgebreitet. Gleichzeitig sagte der Betreuer zu ihnen: Ihr könnt sie gleich aufessen. Wenn ihr sie aber liegenlaßt, bis ich wieder da bin, bekommt ihr die doppelte Menge. Um das zu schaffen, müssen Kinder allerdings nicht nur eine Vorstellung davon haben, was »später« bedeutet. Sie müssen außerdem auch gute Erfahrungen mit der Vertrauenswürdigkeit von Erwachsenen gemacht haben. Wenn sie bereits gewöhnt sind, daß diese immer nur leere Versprechungen abgeben, werden sie kaum im Vertrauen auf ein höchst ungewisses »Später« auf die Süßigkeit verzichten, die ihnen sicher ist, weil sie schon vor ihnen liegt. Das wäre schließlich schön dumm. Wenn größere Kinder also »nur für den Augenblick« leben, dann kann es durchaus sein, daß sie das nicht, wie Korczak von den Kleineren sagt, aus »Mangel an Erfahrung« tun: Im Gegenteil, der Grund für die Unfähigkeit zum Triebaufschub dürfte bei ihnen eher in der schlechten Erfahrung liegen, daß »aufgeschoben« nur allzu oft »aufgehoben« meint, weil die Erwachsenen ihre Versprechen nicht einhalten.

Die wichtigste Voraussetzung für diejenigen emotionalen Reifungsprozesse, die im Kindergartenalter stattfinden sollten, ist also die Verläßlichkeit der erwachsenen Bezugspersonen: Kein Vierjähriger wird einem anderen Kind an der Schaukel kampflos den Vortritt überlassen, wenn das Versprechen, er komme ja »gleich danach« dran, immer wieder gebrochen wird. Keine Fünfjährige wird aufhören, nach dem Eis zu quengeln, wenn sie genau weiß, daß die Erwachsenen ohne solche lautstarken Gedächtnisstützen die kindlichen Wünsche sofort vergessen. Das Gemeine ist nur, daß damit nicht nur die Erwachsenen als die eigentlich Schuldigen für ihre Unzuverlässigkeit mit einem knatschigen, quengeligen Kind gestraft werden. Vor allem die Kinder selbst werden bestraft, da sie es später schwerer haben, langfristig zu planen, weil sie sich in der Kindheit nicht auf Versprechen verlassen konnten. Denn die schwere – und von »intrapersonaler Intelligenz« zeugende – Übung, sich die spontane Befriedigung größerer und kleinerer Wünsche auch mal zu verkneifen – also das, was Psychologen »Triebaufschub« nennen – lohnt sich doch nur, wenn für die Zukunft Verläßliches in Aussicht steht. »Selbstbeherrschung« – das klingt ein bißchen altmodisch, weckt vielleicht gar ungute Vorstellungen von der Regentschaft eines strengen »Über-Ich« über die spontane Regung des »Es«, die schönen Dinge des Lebens zu genießen. Aber in manchen Fragen bleiben eben die guten alten Poesiealbum-Sprüche unübertroffen: »Wer sich nicht selbst beherrscht, bleibt immer Knecht.« Es ist ohnehin die Frage, ob die Zeiten, in denen solche Verse entstanden, unterm Strich wirklich freudloser waren als unsere »modernen«, in denen jeder noch so lächerliche Genuß von der beileibe nicht immer ironisch gemeinten Formel »man gönnt sich ja sonst nichts« begleitet wird.

Grenzen

»Kinder brauchen das Gefühl, daß man sie ihrer Natur nach für soziale Menschen mit guten Absichten hält, die sich bemühen, das Richtige zu tun, und sie erwarten ein zuverlässiges Verhalten der Älteren als Orientierung«, sagt Jean Liedloff . Die Sozialverträglichkeit und das Vorbild der Älteren setzen Grenzen. Doch sie genügen nicht immer. Manche Regeln müssen ausdrücklich formuliert, manche Übertretungen bewußt bestraft werden. Das ist eine der schmerzlichsten Erfahrungen, die jeder Erzieher macht. Denn es ist nichts weniger als die Erfahrung der Ungleichheit.

Am liebsten wäre es zum Beispiel einer ordentlichen, rücksichtsvollen, sensiblen, »altruistischen« und einsatzbereiten Mutter, das Kind würde sie einfach als (naheliegendes) Vorbild wählen und so »von selbst« den richtigen Weg zum Ziel einschlagen, das da lauten könnte: Entwickle dich zum angenehmen Zeitgenossen!

Das Kind seinerseits hält diese aus erwachsener Sicht vielleicht lobenswerten, keinesfalls aber selbstverständlichen Eigenschaften mangels Erfahrung für die normalen Bedingungen in seiner Umgebung auf dem Planeten Erde. Und wird – wagen wir ein großes Wort – zum Monster:

■ Da ist immer jemand, der meine herumfliegenden Sachen wegräumt – ist doch prima.

■ Da ist immer jemand, der mit dem Essen wartet und im Zweifelsfall auf sein eigenes Schnitzel verzichtet – umso besser.

■ Da ist immer jemand, der den Spielkameraden besänftigt, den ich beleidigt habe – nichts dagegen einzuwenden.

Die Botschaft, die ankommt, lautet also: So ist die Welt!

Die Botschaft, die die Mutter aussenden wollte, lautet jedoch: Ich zeige dir, wie du werden sollst. Mit anderen Worten: Das Kind nimmt die Rücksicht und den »Altruismus«, denen es bei den Eltern begegnet, nicht als Zielvorgaben für die eigene Charakterbildung. Es nimmt sie – die Überspitzung trifft die Wahrheit in vielen Fällen nur zu genau – als angenehme und nützliche Eigenschaften der Dienstboten, die es erfreulicherweise umschwirren.

Es ist eine bittere Pille, die sensible Erwachsene schlucken müssen, wenn sie Kinder auf lange Sicht zu sensiblen Zeitgenossen machen wollen: Im Dienste der guten Sache müssen sie bisweilen laut, deutlich, abgrenzend und sogar ablehnend auftreten, also genau so sein, wie sie nie sein wollten.

»Wer die Frage von Verboten und Geboten nicht gründlich durchdenkt, solange es nur wenige sind, ist verloren, sobald ihre Zahl größer wird« vermittelt Korczak seine pädagogische Erfahrung. Wer einem Kind aus Liebe jedes »Nein« ersparen will, liebt es offensichtlich falsch. Sogar in der Beziehung zu einem gleichberechtigten Partner ist das Nein ein unentbehrliches Requisit. Ein Kind aber hat geradezu ein Recht darauf. Es spürt genau, daß sich, wie Korczak es formuliert, »in der Erziehung der tragische Zusammenstoß von unbilligen, nicht realisierbaren und unreifen Wünschen mit einem auf Erfahrung beruhenden Verbot nicht vermeiden läßt.« Nicht nur heiße Herdplatten, scharfe Messer und der unbarmherzige Straßenverkehr, sondern auch die berechtigten Ansprüche der Mitmenschen setzen die Grenzen.

Wenn auch die Grenzziehung in der frühen Kindheit ganz sicher eine Hauptaufgabe der Eltern ist, so stellt sich doch von Anfang an die Frage, wie man Heranwachsende dazu bringen kann, diese Grenzen irgendwann einmal selbst zu setzen. Die »gute Erziehung« ist ja bekanntlich daran zu erkennen, daß sie eines Tages überflüssig wird.

Weder sinnloser Drill noch die dauerhaft schützende Hand helfen da weiter. Es müssen im Gegenteil zwei andere Komponenten zusammenkommen: Die rauhe Wirklichkeit, die ohne familiäre Unterstützung bewältigt sein will, und die fest in der Persönlichkeit verankerte Achtsamkeit gegenüber Menschen und Situationen.

Schule: Nur das halbe Leben

Ohne ein Minimum an interpersoneller, sozialer Intelligenz können an der Institution Schule weder Schüler noch Lehrer überleben. Trotz aller – berechtigten und auch unberechtigten – Klagen über zunehmende Gewalt an den Schulen erfüllen Kinder und Jugendliche jahrelang und in den meisten Fällen einigermaßen passabel ein paar emotionale Grundbedingungen dafür, daß der ganze Laden überhaupt läuft: Sie versuchen mittels empathischer Fähigkeiten zu erfassen, was andere Menschen – Gleichaltrige und Erwachsene – von ihnen erwarten, und passen sich diesen Erwartungen mehr oder weniger gut an.

Einigen kommt es dabei schwerpunktmäßig eher darauf an, den Lehrern zu gefallen (die »Braven«), andere haben es mehr darauf abgesehen, bei den Meinungsführern der Gleichaltrigen zu glänzen oder selbst in diese Position zu gelangen (die »Coolen«). Beides, das wird oft übersehen, sind beachtliche soziale Anpassungsleistungen. Besonders in der heißen Phase der Pubertät gelingt es kaum jemandem, beide Ziele in Personalunion zu erreichen. Wer das schafft, beweist echte Führungsqualitäten.

Das Leben als Schüler ist, abgesehen von den intellektuellen Anforderungen, emotional höchst anstrengend: Wer sich nur wohlfühlt, wenn er im Mittelpunkt steht, muß in der Masse hart arbeiten. Wer lieber möglichst viel allein ist oder sich nur im trauten Zwiegespräch ganz echt zeigen kann, leidet unter dem Gruppenleben.

Doch es gibt ein Leben außerhalb, nach, vor und neben der Schule, auch für Schüler. In der Schulzeit hat die Familie nicht selten eine höchst undankbare Rolle, zumindest auf den ersten Blick: Da kann es schon einmal vorkommen, daß ein junger Mensch, der seinen ganzen vormittäglichen Ehrgeiz in die Rolle des gutaussehenden, witzigen, spritzigen, kameradschaftlichen, gutinformierten, überlegenen und ständig präsenten Besuchers eines Bildungsinstituts legt, nachmittags zum wahren Scheusal mutiert. Kleinere Exemplare dieser Spezies werden weinerlich und müde, größere je nach Temperament und Tagesform muffelig bis aggressiv. Wutanfälle aus scheinbar geringfügigem Anlaß sind keine Seltenheit.

Was ist zu tun? Am langfristigen Ziel kann es keinen vernünftigen Zweifel geben: Dieser Schüler muß auch im privaten Bereich lernen, seine negativen Gefühle rechtzeitig zu erkennen und intelligent steuern, so daß »Ausbrüche« gar nicht oder nur in gemäßigter Form vorkommen. Zorn und Wut hemmungslos zu entladen kühlt, wie die Psychologie längst weiß, nicht ab, sondern hebt das emotionale Erregungsniveau meist noch. Durch die feurigen Anwürfe oder auch Selbstgespräche »gelingt« es dem ohnehin schon Erregten nämlich, sich noch weiter in die negativen Gefühle hineinzusteigern. Man will sich angesichts einer Ungerechtigkeit ja auch nicht so schnell abregen. Da ist leichter gesagt als getan und wirkt schon fast naiv, was Goleman empfiehlt: »Sehr viel wirksamer ist es, wenn man sich zunächst einmal abkühlt und sich dann konstruktiver und selbstsicherer dem anderen stellt, um den Streit beizulegen.« Sicher: In manchen Fällen haben Eltern die Chance, ihrem Kind rechtzeitig mit ruhigen Fragen nach den Ursachen der Empörung zu helfen, sich abzukühlen und die Problemlage ruhig zu betrachten. In anderen Fällen aber ist von vorne herein schon alles zu spät: Die Geschwister prügeln aufeinander ein oder lassen verbal die Fetzen fliegen, der Zorn entlädt sich an einem unschuldigen Gegenstand oder an den im eigenen Bewußtsein nicht weniger unschuldigen Müttern, Vätern oder Besuchern.

Der Waisenhausleiter Korczak kennt das aus leidvoller Erfahrung: »›Du bist jähzornig‹, sage ich zu einem Jungen. ›Nun ja, dann schlag nur zu, aber nicht zu fest; brause nur auf, aber nur einmal am Tag.‹ Wenn ihr so wollt, habe ich in diesem einen Satz meine ganze Erziehungsmethode zusammengefaßt.«

Was er hier beschreibt, könnte eine praktikable Lösung sein: Der Erwachsene nimmt die Gemütslage des Kindes als gegeben hin, er akzeptiert es also zunächst in seiner Eigenart. Auf dieser Basis verlangt er allerdings etwas: Schlag nicht zu fest zu, mach es nur einmal am Tag. Dies ist ein realistisches Lernprogramm: Langfristig kann das Kind seine Reaktion womöglich Golemans Ideal annähern. Kurzfristig aber fühlt es sich »angenommen« und macht kleine Schritte auf dem Weg zur Perfektion seiner intrapersonalen Kompetenz. Bis ein von

Wutanfällen geplagtes Rumpelstilzchen oder eine aufbrausende Kämpfernatur, die keiner Schlägerei aus dem Weg geht, cool, konstruktiv und selbstsicher Probleme lösen kann, ist allerdings eine große Menge Geduld erforderlich. Die Geduld ist eben nicht nur die Mutter der sprichwörtlichen Porzellankiste, sondern auch die der Emotionalen Intelligenz.

Zwischen Schulbrot und Nachtleben: Die Teenies

Geduld? Wo alles sich doch viel zu schnell ändert? Kaum hat man die Kinder so weit, daß es richtig schön ist, die Freizeit miteinander zu verbringen, da fragen sie eines Samstags plötzlich nicht mehr: »Was machen wir heute?«, sondern teilen sachlich mit: »Um zwei treff ich mich mit Anna auf der Eisbahn, und heute abend ist die Party bei Marc. Wie lang kann ich bleiben?«

Kein Zweifel: Das Kind ist kein Kind mehr, der jugendliche Mitbewohner hat seinen höchst unabhängigen Terminkalender. Und das Einstiegsalter für diese bedeutsame Veränderung rückt noch dazu immer weiter nach vorne.

In der Frühphase des unvermeidlichen Ablösungsprozesses fliegen in den Familien oft die Fetzen. Nicht selten gewinnen unabhängige Beobachter angesichts der Wucht der Interaktionen den Eindruck, daß die emotionale Reifung bei *beiden* Parteien noch zu wünschen übrig läßt. Kein Wunder: Auch für die Eltern ist das Erwachsenwerden ihrer Kinder schließlich eine neue Etappe der eigenen Entwicklung und so etwas wie der endgültige Abschluß der eigenen Jugend. An Konflikten über Geld, Ausgehzeiten, Freunde und Schule führt kein Weg vorbei, wenn nicht – große Ausnahme! – die Jugendlichen sehr den elterlichen Vorstellungen entsprechend leben oder – weniger große Ausnahme! – die Eltern die Auseinandersetzung scheuen.

Doch wiederum ist unbestreitbar: Die Jüngeren haben ein Recht auf die Auseinandersetzung. Darauf, daß die Älteren ihr nicht ausweichen, ihre eigenen Maßstäbe klar darlegen und mit dem Stil der Debatten Maßstäbe setzen. Weder Türenknallen noch schweigsame

Mahlzeiten genügen diesen Anforderungen auf die Dauer. Natürlich ist es für Eltern eine Gratwanderung, Jugendlichen Grenzen zu setzen, ohne ihr Vertrauen zu verlieren. Ein kleines Kind hat keine Alternative zum Elternhaus, später droht es aber vielleicht bei jedem Streit damit, auszuziehen oder seine Sachen eben heimlich zu machen. Doch das sind Erpressungsversuche, und Erpressung funktioniert nur, wo Schwachstellen sind und die Möglichkeit, sie überhaupt durchzuführen.

Leiden Eltern reihenweise unter schwachem Selbstbewußtsein? Sie haben doch einiges in der Hand: Ihre Lebenserfahrung ist ganz brauchbar, ihr Vertrauen ist etwas wert. Und sie sind nicht oder wenigstens nicht im gleichen Ausmaß den Schwankungen der Hormone unterworfen, die die Jugendlichen beuteln und die für ein Gutteil der jähen Veränderungen in ihrem Gefühlshaushalt verantwortlich zu machen sind. Das einzige wirkliche Problem, wenn man sich auf die Auseinandersetzung einläßt, ist: Sie kostet Zeit, sehr viel Zeit. Wer mit seinen heranwachsenden Kindern offen und ruhig reden will, über Gott und die Welt, über das Verhältnis zum anderen Geschlecht, über Drogen, über Berufsaussichten, Lebensziele, Moden und nicht zuletzt über Erziehung, ohne die Gefühle beider Seiten dabei auszusparen, der sollte viele Kannen Tee und etliche Wochenstunden einplanen. Aber es gibt keinen leichteren Weg, um den Gesprächsfaden in den kritischen Jahren zwischen 12 und 17 reißfest zu halten. Doch solch ein Faden hat nur zwei Enden, deshalb brauchen beide Eltern eine eigene Verbindung zum Heranwachsenden, so daß mehrere Gesprächsfäden gleichzeitig bestehen. Und deshalb sollten die Gespräche auch nicht immer zu dritt stattfinden, zumal die Konstellation »zwei gegen einen« bisweilen als unfair empfunden wird.

Endlich erwachsen?

Eines Tages macht der Jugendliche auf seine Eltern den Eindruck, »am anderen Ende der Pubertät« endlich wieder aufgetaucht zu sein: Ausgeglichen, arbeitswillig, reif und verantwortungsbewußt. Endlich erwachsen. Die Zeit war lang: Babygeschrei, Trotzphase, Wutanfälle, Null-Bock-Phasen und endlose Diskussionen über Outfit und Ausgehen haben an den elterlichen Nerven gezerrt. In der Karriere und in der Partnerschaft gab es Probleme, die Midlife-Crisis verschont kaum jemanden, kurz: Es waren anstrengende Jahre. Kann man nun endlich auf die Unterstützung der fast erwachsenen »Kinder« hoffen, nach allem, was man für sie getan hat?

Wenn es um alltägliche Pflichten oder handfeste Sachgespräche unter Erwachsenen geht: ja. Getränkegroßeinkäufe mit dem elterlichen PKW, Diskussionen über die neuesten Filme oder die neuesten Polit-Skandale, Modeberatung und Menuplanung, alles wunderbare Themen für 18jährige.

Aber es gibt da einen Haken. Fast zwei Jahrzehnte lang war das Verhältnis eines zwischen ungleichen Partnern. Und es ist nicht einfach, das (schrittweise) zu ändern, zumal die meisten 18jährigen noch für mehrere Jahre finanziell von den Eltern abhängig bleiben. Gegen die Behandlung »als Kind« revoltieren junge Erwachsene allerdings meist ganz bewußt, und jeder Schritt in die Selbständigkeit verkleinert das Problem.

Ein weiterer Haken liegt aber auch noch an anderer Stelle: Viele Eltern, vor allem Mütter, haben nun, nach den langen Jahren der Entbehrung, umgekehrt ihrerseits das Bedürfnis, »bemuttert« zu werden. Eine Mutter schüttet der Tochter das Herz aus und beklagt sich bitter über die Eskapaden des Ehemanns. Der aber ist schließlich gleichzeitig der Vater der erwachsenen Tochter. Man überfordert sie, wenn man von ihr verlangt, Stellung zu beziehen.

Eine andere Mutter ist seit kurzem arbeitslos, fühlt sich alt und nutzlos und läßt sich am liebsten bei der Tochter, der Vertrauten, fallen. »Dir kann ich es ja sagen«, »du wirst mich verstehen«, »sonst kann ich mit keinem darüber reden« … Solche Gesprächseinleitungen, die das eigene Kind zum vollwertigen Gesprächspartner und besten Berater ernennen, sind gefährlich. Sie schmeicheln jedem jungen Erwachsenen, der das Verhältnis schließlich noch ganz anders in Erinnerung hat. Sie überfordern ihn aber gleichzeitig inhaltlich haushoch. Und sie lassen vor allen Dingen viel zu schnell zusammenbrechen, was der oder die junge Erwachsene übergangsweise noch eine ganze Weile braucht: Das Bild der starken, zuverlässigen, emotional stabilen und mit Zuversicht in die Zukunft schauenden Eltern.

Die beste Lektion der jungen Erwachsenenjahre wird ihnen in diesem Fall vorenthalten: In einer Familie muß nicht immer einer das Kind sein.

Ein Plädoyer für den Korkreifen

Von seiner langjährigen Angebeteten und mütterlichen Freundin Charlotte von Stein sagte Goethe einmal, sie habe ihn in schwierigen Zeiten »wie ein Korkwams über Wasser« gehalten. Ein schönes Bild. Aber man könnte einwenden: Da war der Mann bereits um die 30 und hätte eigentlich schon den Freischwimmer haben müssen.

Mit Kindern ist das eine andere Sache. Aktualisieren wir Herrn von Goethe also ein wenig: Damit der Seele Flügel – oder besser Schwimmflügel – wachsen können, müssen Eltern sich in den frühen Jahren ihrer Kinder als Schwimmhilfen bewähren. Es ist nicht gerade einfach, sie immer über Wasser zu halten. Es ist aber auch nicht einfach, den Zeitpunkt für den Freischwimmer nicht zu verpassen und die Kinder, wenn es so weit ist, unbesorgt schwimmen zu lassen. Das zeigt auch Goethes Verhältnis zu Frau von Stein: Als ihm das Korkwams, das die mütterliche Freundin für ihn bedeutete, zu eng wurde, floh der Dichter nach Italien.

Um sowohl der Gefahr des Untergehens als auch der Gefahr der übervorsichtigen Gängelei zu entgehen, muß man auch in der Familie den schmalen Mittelweg suchen.

Jene um den Bauch zu bindenden Schwimmhilfen, die nach und nach immer um ein Korkstück kleiner gemacht werden können, sind, wie Fachleute bestätigen, in den Lehrschwimmbecken der Hallenbäder noch nicht ganz aus der Mode...

6. Teil

Wie geht's?
Oder: Methoden der emotionalen Erziehung

»Dem Kind ein Beispiel oder Vorbild zu bieten, geschieht im Idealfall nicht ausdrücklich, um es zu beeinflussen, sondern heißt lediglich, sich normal zu verhalten.« (Jean Liedloff)

Der eingebaute Verstärker

Auch wenn sie nicht immer so wirken, sind Kinder noch vergleichsweise zarte, schwache Pflänzchen. Wirksame Erziehung besteht deshalb zu einem guten Teil aus einem Vorgang, den die Psychologen »Verstärkung« nennen. Ein erstmalig auftretendes, noch unsicheres und schwaches Verhalten wird bei diesem Vorgang von den Erwachsenen mit Aufmerksamkeit, positiver Rückmeldung oder erhöhter Fürsorglichkeit belohnt.

Ein Beispiel: Ein Kind ist traurig. Wenn es das seinen Eltern sagt oder zeigt, wird es in den Arm genommen und getröstet. Für das Kind Grund genug, auch das nächste Mal zu zeigen, wenn es traurig ist. Die Tröstung ist ein »positiver Verstärker«. Wenn das Kind raffinierter wird, ist sie später vielleicht sogar Grund genug, eine kleine oder gar nicht vorhandene Traurigkeit zu einem größeren Ereignis aufzubauschen, um die begehrte Zuwendung zu ergattern.

Auch umgekehrt, also negativ, funktioniert das Mittel der Verstärkung: Wer nach dem ersten Wutanfall in sein Zimmer eingesperrt wurde, wird sich vielleicht noch nicht den zweiten, nach weiteren schlechten Erfahrungen aber die folgenden wenn irgend möglich verkneifen.

Positive und negative Verstärker haben eine kräftige Wirkung. Meist

entstehen sie aus spontanem Verhalten. Wer lächelt nicht unwillkür-
lich, wenn ein Kind sich über eine neue Leistung freut, wer zeigt nicht
wenigstens ein ganz klein wenig Angst, wenn es zum ersten Mal auf
einen Baum klettert, und wer hat nicht eine unwillkürliche Regung
von Mitleid, wenn es sich wehgetan hat?

Carla ist die älteste von drei Geschwistern, das Baby beansprucht die
Aufmerksamkeit der Mutter ziemlich. Carla ist vernünftig und denkt
sozial, kurz, sie ist ein pflegeleichtes Kind. Nur wenn sie krank wird,
gehört ihr ein größeres Stück Mutter. Sie darf im Schlafzimmer der
Eltern liegen, kommt in den Genuß von Grießbrei und Vorlesen. Das
ist schön.

Doch es kann, wenn der Unterschied zum Alltag zu groß wird, auch
gefährlich sein. »Learned illness behaviour«, erlerntes Krankheitsver-
halten, nennen Mediziner und Psychologen die mögliche Klippe: Die
Versuchung, sich bei Streß und Frust mit Bauchweh ins Bett zu legen
und von der Mutter die Wärmflasche vorbereiten zu lassen, ist für
ein Kind wie Carla groß. Durch Krankheit können Streicheleinheiten
eingeholt werden, die im Alltag der gesunden Carla Mangelware sind.
In den Wartezimmern von Haus- und Fachärzten sitzen nicht wenige
Menschen, die sich nötige seelische Streicheleinheiten auch im Er-
wachsenenalter problemlos nur besorgen können, während sie sich
im Krankenstand befinden.

Aber wie soll man sich als Mutter oder Vater verhalten, wenn ein
Kind krank ist? Kann es die Lösung sein, kalt und herzlos Blässe,
Schmerzen, Appetitlosigkeit und Antriebsarmut zu ignorieren, damit's
»ein Prachtkind wird«, das später wenig kränkelt?

Die Antwort ist, wie so oft in Erziehungsfragen, ein entschiedenes
Jein. Wenn ein Kind zu »Wehleidigkeit« neigt, können die Erwachsenen durchaus gegensteuern, indem sie durch gezieltes Entdramatisie-
ren wozu im Einzelfall auch das Weghören rechnen kann! – das Verhalten negativ verstärken, sprich: abschwächen. Aber ist damit einem
Kind wie Carla wirklich geholfen? Wenn keiner mehr bereit wäre, sie
bei Bauchweh besonders zu hegen und zu pflegen, wäre sie natürlich
– bis auf weiteres – ein noch pflegeleichteres Kind. Der Weg, sie zu
einem *glücklicheren* Kind zu machen, könnte jedoch darin bestehen,

nicht ihre Tendenzen zum Kränkeln negativ, sondern ihre Gesundheit positiv zu verstärken.

Wenn sie lernen soll, daß bei Schulstreß und Unlust das Krankenlager nicht der erstrebenswerteste Aufenthaltsort ist, muß die Mutter auch in gesunden Tagen ein Auge und ein Ohr für sie haben. Nicht weniger, sondern mehr − allerdings andersgeartete − Fürsorglichkeit ist der richtige Weg. Nicht nur das Kind, dem es schlecht geht, braucht die berühmten Streicheleinheiten. Ein gemeinsamer Stadtbummel, ein Kinobesuch, ein Spiel, von dem die jüngeren Geschwister bewußt ausgenommen sind, solche Mutter-Tochter-Aktivitäten sind positive Verstärker »gesunder« Streßbewältigung für die große Tochter. So ganz nebenbei kann sich bei solch einem Anlaß auch noch ein Gespräch über den Schul- und Familienfrust ergeben, das Carlas Fähigkeit zur Selbstbeobachtung stärkt.

Aber wie ist es mit unerfreulichen Erscheinungen wie Zornausbrüchen, Raufereien, Dauerstreits und Zerstörungswut? Aus verschiedenen Untersuchungen ist bekannt, daß »Störer« in Schulklassen rein quantitativ deutlich mehr Aufmerksamkeit ihrer Lehrer auf sich ziehen als ruhige, »brave« Kinder. Ich störe, also bin ich wer. Dazwischenrufen, Papierkügelchen werfen, unvermittelt durch den Klassenraum springen: Das sind ganz offensichtlich probate Mittel, um ein Star zu werden. Aufmerksamkeit aber ist ein ziemlich effektiver Verstärker. Es ist wie bei den Buch- und Filmkritiken: Besser eine schlechte Kritik als gar keine! Besser verrissen als unbeachtet, lieber wegen einer Pöbelei im Suff oder der achten Scheidung in der Presse als gar nicht! Betrachtet man die Sache so, dann kann gezielte Nichtbeachtung aggressiven, unbeherrschten Verhaltens eine höchst sinnvolle pädagogische Maßnahme sein.

Doch wie fast alles Gute kann man auch diese übertreiben. Ein Kind, dem es nur darum geht, den Störenfried oder Klassenclown zu spielen, wird durch Nichtbeachtung vielleicht wirklich zu dem messerscharfen Schluß geführt, daß die Rolle nicht lohnend ist.

Starke negative Gefühle, Zorn, Wut, Neid und Aggressionsbereitschaft bleiben allerdings davon unberührt. Sie verschwinden nicht einfach, nur weil keiner sie beachtet. Manchmal ist sogar genau das

Gegenteil der Fall. Sie werden stärker, sie sind unerlaubt, werden verdrängt, stigmatisiert. Sie sind für das Kind, das mit ihnen allein bleibt, unverständlich, bedrohlich, »böse«. Sie sind da, aber sie sind nicht im gleichen Maße real wie die Dinge, über die »man spricht«.

In einem Kreis von dreißig anderen darüber zu sprechen, warum man gerade so wahnsinnig wütend oder so maßlos eifersüchtig war, ist auch keine leichte Übung. Weil eine kleine Gesprächsrunde sich dafür wesentlich besser eignet, ist für die behutsame »Aufarbeitung« negativer Gefühle die familiäre Wohngemeinschaft im Normalfall eindeutig besser geeignet als der Großraum Schule. Darüber reden heißt nicht automatisch »verstärken«: Vor allem wenn bei einem solchen Gespräch nicht – wie im Unterricht – Publikum zugelassen ist, vor dem ein Delinquent vorgeführt oder ein selbsternannter Medienstar geboren wird.

Statt Verständnis zu erfahren, das ihnen beim Verstehen ihrer negativen Gefühle hilft, werden vor allem kleinere Kinder, wenn sie aggressiv oder einfach nur »ausgelassen« sind, oft mit einer (noch dazu unverlangten) Pseudo-Erklärung konfrontiert.

Dann heißt es nicht »Du bist wütend, weil dir der Turm nicht gelingt«, sondern schlicht »Du bist müde, jetzt mußt du ins Bett«. Jedes noch so kleine Kind spürt, daß an dieser Erklärung »etwas Wahres dran« ist, daß sie aber viel zu einfach und deshalb auch falsch ist. Sie hilft deshalb dem Kind nicht, sich selbst und die negativen Gefühle zu verstehen. Ein Verstärker ist sie allerdings schon: Sie verstärkt oft nachhaltig die Unlust von Kindern, ins Bett zu gehen. Wer aufmerksam hinschaut, erlebt die Geburt eines Teufelskreises.

Das Alphabet des Gesichts

»Zwei Menschen, die miteinander auskommen wollen, müssen zu einer für beide befriedigenden Interaktion finden. Zu einer befriedigenden Interaktion gehört auch, daß die emotionalen Reaktionen adäquat sind«, sagt der Psychologe und Emotionsforscher Lothar Schmidt-Atzert. Kommt ein neuer Mensch auf die Welt, so muß er

erst lernen, seine Emotionen angemessen zu zeigen. Mit Abstand das
wichtigste Modell für das Baby ist in den allermeisten Fällen die Mutter, schon wegen des Exclusivunternehmens Stillen.

Eine amerikanische Untersuchung, an der zehn Wochen alte Säuglinge und ihre Mütter teilnahmen, widmete sich der Frage, welchen Einfluß die Mimik der Mutter auf den emotionalen Ausdruck des Kindes
hat. Die Mütter bemühten sich für die Studie, ihre Babys mit verschiedenen Gesichtsausdrücken »anzusprechen«. Die Kinder reagier-
ten erstaunlich differenziert auf diese unterschiedlichen »Emotions-
ausdrücke«. Teilweise war klar zu erkennen, daß sie den jeweiligen
mütterlichen Ausdruck imitierten. Noch bevor sie die eigentliche
Muttersprache lernen, lernten sie also ihren nichtsprachlichen Vor-
läufer kennen, den man die »Muttermimik« nennen könnte. Auch sie
ist ein Ausdrucksmittel, auch sie kann über einen reichen oder einen
ärmeren Wortschatz verfügen. Babys, deren Mütter die vielfältigen
Ausdrucksmöglichkeiten des menschlichen Gesichts für Freude und
Glück häufig und gern nutzen, lächeln erwiesenermaßen früher und
häufiger. Untersuchungen mit depressiven Müttern haben umgekehrt
ergeben, daß ihre Kinder im Durchschnitt einen negativeren Ge-
sichtsausdruck zeigten als ihre Altersgenossen.

Solche Untersuchungen können natürlich nicht direkt in Handlungsanweisungen für Eltern umgesetzt werden, denn die spontanen Reaktionen der Mütter sind nicht steuerbar. Statt einer jungen Mutter, die
angesichts der neuen Lebenssituation nach der Geburt des Kindes
körperlich und seelisch geschwächt in eine depressive Stimmung
gerät, nun auch noch Vorwürfe zu machen, müssen Väter, Freunde und
Verwandte ihre Energien unbedingt in direktes Engagement umset-
zen: Auch sie können das Baby auf den Arm nehmen, auch ihre Gesichter können das Alphabet der Gefühle buchstabieren. Die er-
schöpfte Mutter kann derweil durch eine (andere) schöne Beschäftigung soviel Kraft auftanken, daß das Baby sie später in ihrem Gesicht
»lesen« kann.

Besonders ausdrucksvoll sind oft die Gesichter der Großeltern,
wenn sie ihren Enkel auf dem Arm halten: Vielleicht weil sie wissen,
wie vergänglich das Leben und wie kurz insbesondere diese kostbare

erste Zeit mit einem kleinen Kind ist, die den Vollzeit-Eltern an manchen Tagen (und Nächten) endlos vorkommen mag. Mit diesem Wissen können sie der übernächsten Generation zu wertvollen emotionalen Begleitern werden.

Reden ist Silber. Silber ist schön

Daß erwachsene Bezugspersonen schon ganz kleine Kinder emotional buchstäblich verhungern lassen, wenn sie ihnen gegenüber ein
Sprechverbot einhalten, haben wir schon im ersten Kapitel erfahren.
Der spontane Ausdruck der Gefühle ist stets von sprachlichen Äußerungen begleitet, wer sie sich verbieten muß, schränkt auch den körperlichen Ausdruck automatisch ein. Im Normalfall aber lernt das
Kind zusammen mit der Zärtlichkeit, mit freudiger, freundlicher und
auch mit strenger, abweisender Mimik allmählich die dazu passenden
sprachlichen Bezeichnungen. Schon im Alter von zwei Jahren verstehen viele Kinder, wie Schmidt-Atzert betont, was Adjektive wie
»glücklich« oder »traurig« bedeuten. Andere Emotionswörter, die
höhere Anforderungen an das Denken, die Erfahrung und die Ab-
straktionsfähigkeit stellen, werden natürlich erst wesentlich später
verstanden. So können sich erst Schulkinder zum Beispiel unter
»Neid« wirklich etwas vorstellen.
Welche Gefühle Erwachsene Kindern gegenüber zum Ausdruck bringen, hängt nachweislich nicht nur von ihren jeweiligen Stimmungen,
sondern auch von Überzeugungen und gesellschaftlichen Normen ab.
Die allerdings sind demjenigen, der da gerade seine Freude, seinen
Unmut, seinen Ärger oder seine Überraschung zeigt, meist gar nicht
unmittelbar bewußt.
Untersuchungen haben aber ergeben, daß Eltern ihren Töchtern
gegenüber deutlich mehr Emotionswörter verwenden als im Gespräch mit den Söhnen. Das kann man zum Beispiel testen, wenn man
ihnen Bilderbücher ohne Text mit der Aufforderung in die Hand gibt,
ihren Kindern dazu eine Geschichte zu erzählen. Das einzige Gefühl,
das Mütter ihren weiblichen Kindern gegenüber viel seltener erwäh-

nen, ist das des Ärgers. Das paßt zu anderen psychologischen Untersuchungen, für die Männer und Frauen darüber befragt wurden, ob
die Geschlechter verschieden fühlen. Die Befragten meinten mehr-
heitlich, Männer und Frauen hätten im Prinzip gleich starke Gefühle.
Nur bei der Liebe und beim Ärger machten sie Geschlechterunter-
schiede aus: Liebe werde stärker von Frauen, Ärger stärker von Män-
nern empfunden. Einen großen Unterschied sahen die Befragten
außerdem im *Ausdruck* der Gefühle: Frauen seien deutlich expressi-
ver. Es liegt nahe, daß sich die Vorstellung davon, wie sich Männer und
Frauen im Hinblick auf das »Zeigen« von Gefühlen unterscheiden,
direkt auf die Erziehung auswirkt: Sowohl Väter als auch Mütter erzählen kleinen Mädchen die Bildergeschichte wesentlich emotionaler
– in der spontanen Annahme, daß das besser zu ihnen paßt. Kein
Wunder, daß die Mädchen nach einigen Übungen dieser Art in der
Sprache der Emotionen schneller »auf der Höhe« sind als ihre Brü-
der.
Damit keine Mißverständnisse aufkommen: Die Annahme, Mädchen
könnten ihre Gefühle »von Natur aus« besser ausdrücken als Jungen,
ist schwer zu bestätigen, solange beide in dieser Hinsicht ganz spontan verschieden erzogen werden. Sie wird allein durch die unter-
schiedliche Sozialisation aber auch nicht widerlegt. Vielleicht sind sie
»von Natur aus« verschieden, vielleicht auch nicht.
Verfechter der Verschiedenheit der Geschlechter argumentieren
heute vor allem mit unserer evolutionären Vorgeschichte: Da Frauen
vor allem mit der Aufzucht des Nachwuchses beschäftigt waren, wäre Aggressivität unter Umständen fatal gewesen. Männer hingegen,
die den Stamm gegen Feinde verteidigten und wilde Tiere erlegten,
brauchten sie. Die ehemals überlebensnotwendigen Unterschiede
seien inzwischen biologisch festgeschrieben.
Ihre Kontrahenten glauben dagegen, die unterschiedlichen Reaktionsmuster würden von Generation zu Generation auf dem Weg der Erziehung weitergegeben, seien also pure Tradition.
Wer sich zum Anwalt einer möglichst ausgereiften Emotionalen Intelligenz machen will, sollte aber nicht warten, bis letzte Fragen dieser Art wissenschaftlich restlos aufgeklärt sind. Entscheidend ist: Was

wird den Mädchen, was den Jungen – im statistischen Durchschnitt, versteht sich – an emotionalem Ausbildungsmaterial von den Eltern vorenthalten?

Inzwischen geben aufgeklärte Eltern ihren Jungs ja längst Puppenstuben und Kinderwaschmaschinen, ihren Mädchen dafür elektrische Eisenbahnen und Werkzeugkasten in die Hand, oft, wie man hört, mit mäßigem Erfolg. Aber sie versuchen es wenigstens. Und wenn die Enkelin später Maschinenbau studieren will, sind inzwischen sogar die Großeltern stolz. »Jungen weinen nicht« – dieser Satz ist ein Relikt aus vergangenen Zeiten.

Und dennoch sprechen Mütter in den neunziger Jahren unseres Jahrhunderts mit ihren Töchtern meßbar häufiger über Traurigkeit und meßbar seltener über Ärger als mit den Söhnen. Da liegt es nahe, daß in einer entsprechenden Situation Mädchen eher weinen und Jungen eher zuschlagen werden. In dieser Hinsicht sind sie gleichberechtigt: Beiden wird etwas vorenthalten.

Aber kann man von »Vorenthaltung« sprechen, wenn es um die Äußerung negativer Gefühle wie Traurigkeit oder Ärger geht? Ja, man kann: Denn es geht schließlich nicht um die negativen Gefühle selbst – und schon gar nicht um die Anlässe dafür, daß sie sich entwickeln! Gefühle und Anlässe mag es zur Genüge geben. Das Leben enthält sie kaum einem Menschen vor. Nur die Form, in der sie sich zeigen »dürfen«, wird Mädchen im Fall des Ärgers und Jungen im Fall der Traurigkeit weniger vorgeführt. Man spricht nicht darüber.

Und wenn doch ist, was nicht sein darf? Müssen Mädchen – bei denen Eßstörungen um ein Vielfaches häufiger sind als bei Jungen – Ärger nur in sich hineinfressen statt ihn, notfalls lautstark und mit verzerrtem Gesicht, öffentlich zu zeigen? Und müssen traurige Halbstarke – überwiegend nur sie tun sich in gewaltbereiten Gangs zusammen – gleich Scheiben einschmeißen, weil ihnen (immer noch) Tränen und vor allem Worte fehlen?

Gefühle zeigen, über Gefühle reden, das heißt nicht immer: Alles lassen wie es ist. Im Gegenteil: Selbst- oder fremdzerstörerischer Umgang mit negativen Emotionen kann nur verändert werden, wenn er ins Blickfeld der Betroffenen gerät. Negative Gefühle können auf

Dauer bekanntlich nicht mit Erfolg unterdrückt oder geleugnet werden. Keiner macht sich aber andererseits dadurch zum angenehmen Mitglied einer Gesellschaft, daß er sie einfach »auslebt« wie sie kommen.

Der intelligente Weg ist klar vorgezeichnet: Man muß mit ihnen »umgehen« können wie mit bisweilen unliebsamen Bekannten, die man notgedrungen immer wieder trifft – und an denen man im Lauf der Jahre sogar lobenswerte Eigenschaften entdecken mag.

Das aber artet in Arbeit aus, lebenslange Arbeit. In der Kindheit ist es Arbeit für die Eltern. Immer wieder müssen sie einem kleinen Kind erklären, was es gerade empfindet, warum das wahrscheinlich so ist und wie man die negative Situation vielleicht positiver sehen könnte:

- »Du bist traurig, weil du bei diesem Spiel verloren hast. Aber beim letzten Spiel hat Anna verloren. Immer trifft es einen, das ist normal. Sollen wir nochmal spielen?«
- »Ich kann gut verstehen, daß du so wütend bist. Dieses Lego-Auto ist wirklich schwer zusammenzubauen. Sollen wir es zusammen probieren oder machst du morgen allein weiter?«
- »Bist nur du allein sauer auf den Mathelehrer? Oder könnt ihr gemeinsam mit ihm reden, weil auch Deine Klassenkameraden betroffen sind?«

Solche Gesprächsangebote kennen alle Eltern zur Genüge. Klar, daß man als Erwachsener nicht ununterbrochen Lust dazu hat. Auch emotional vermeintlich sehr gefestigte Naturen flippen gelegentlich aus, wenn sie ihren kindlichen Mitspielern zum zwanzigsten Mal die tiefere Bedeutung des programmatischen Spiele-Titels »Mensch ärgere dich nicht« erläutern müssen.

Manchmal ist Schweigen sicherlich Gold. Aber man sollte das Silber nicht verachten: Das Gespräch ist jedenfalls die Hauptchance von Eltern und anderen »Bezugspersonen«, wenn sie Kinder behutsam dazu bringen wollen, ihre Gefühle wahrzunehmen, ihnen dabei aber nicht hilflos ausgeliefert zu sein, sondern eines Tages vielleicht so etwas wie Souveränität im Umgang mit den Emotionen entwickeln zu können.

Ein Plädoyer für die Eigenwerbung

Kinder lesen im Gesicht der Eltern. Kleine Kinder wollen später so sein wie Mama oder Papa: Groß, stark, schön, klug, unabhängig. Das legt sich früh genug. Spätestens in der Pubertät können sich viele Jugendliche phasenweise nichts Schlimmeres vorstellen, als einmal so zu werden wie die Alten.

Eltern sind heute nicht mehr die unangefochtenen Autoritäten, wollen es gar nicht mehr sein. Sie geben ihre Wissenslücken, ihre Zweifel, ihre Unsicherheit unumwunden zu. Nur keine falschen Helden, davon hatten wir früher genug!

Aber Vorbilder? Kinder und Jugendliche lernen, wie die Psychologie weiß, zu einem Großteil »am Modell«. Im Fernsehen bieten sich je nach Altersgruppe zahlreiche Modelle an, von Ernie und Bert aus der Sesamstraße über Batman und die Turtles bis zu den Hollywood-Schönheiten von Beverly Hills. Ganz zu schweigen von Idolen wie Tiger Tony, der für Kellogg's Frosties die Werbetrommel rührt oder den smarten Backstreet Boys, die für das Scall-System vor der Kamera stehen.

Angesichts dieser Konkurrenz sollten Eltern ihr Licht bewußt nicht unter den Scheffel stellen. Auch wenn niemand mehr von der Unfehlbarkeit in der Erziehung spricht – zum Glück, – auch wenn Mitbestimmung und Familienkonferenzen das Klima bestimmen: Eltern sind immer noch wer! Sie sollten ihre Lebenserfahrung, ihre Menschenkenntnis und ihren Geschmack einsetzen.

Daß Mütter heute ihre achtjährigen Töchter allen Ernstes darüber entscheiden lassen, ob ihnen (den Müttern!) die Jeans steht, die sie sich kaufen wollen, ist fast schon alarmierend: Wo bleibt das Selbstbewußtsein der Älteren? Wo ist ihr Stolz auf die eigene Lebenserfahrung? Strecken denn alle vor den Medienhelden die Waffen?

Lernen ist immer und überall zu einem Gutteil Lernen am Modell, also ein durchaus von Gefühlen gesättigter Vorgang. Eltern sollten sich nicht scheuen, ein paar Modelle ins Spiel zu bringen. Unter anderem sich selbst, ihre eigene Person, die den Vorteil hat, aus Fleisch und Blut zu sein. Bescheidenheit ist in diesem Punkt angesichts der Aggressivität der Werbewelt fehl am Platze. Die Konkurrenz schläft nicht.

AUSFLUG IN DIE VERGANGENHEIT
TOM SAWYER UND HUCKLEBERRY FINN –
DER HUNGRIGE BLICK AUF'S LEBEN

Tom Sawyer? Natürlich, dieser »Bengel«, »Schlingel«, »Teufelskerl«: ein quirliger, äußerst lebendiger kleiner Junge aus den Südstaaten, als Waisenkind von seiner Tante großgezogen – und abgöttisch geliebt. Ein Lausbub, dessen Streiche uns heute eher harmlos vorkommen. Obwohl: Wer für mehrere Tage und Nächte zusammen mit zwei Freunden von zu Hause verschwindet, es sich auf einer einsamen Insel bei Baden und Fischfang gutgehen läßt, für vermißt erklärt wird und erst kurz vor der eigenen Trauerfeier im Heimatort wieder auftaucht, hat die Schwelle zum weniger harmlosen Streich ganz klar überschritten. Dies ist eindeutig eine Geschichte aus der Vergangenheit: In der Sonntagsschule wird der Katechismus auswendig gelernt, Lehrer wenden die Prügelstrafe ohne Angst vor Dienstaufsichtsbeschwerden an, die Jungen verlieben sich in Mädchen mit sittsamen Kleidchen und schönen langen Zöpfen. Und Tante Polly, die Tom und dessen braven Bruder bei sich aufgenommen hat, macht sich Gedanken: Wird es dem Jungen schaden, daß sie es einfach nicht über's Herz bringt, wirklich streng zu ihm zu sein? »Der weiß ganz genau, wie weit er's treiben darf, bis ich wütend werde, und wie er's anstellen muß, mich immer gerade dann, wenn ich zuhauen will, zum Lachen zu bringen. Und dann ist's natürlich mit dem Hauen vorbei! Weiß Gott, ich tu' meine Pflicht nicht an dem Jungen! Wer die Rute spart, verdirbt sein Kind, heißt es, und wahrhaftig, ich bin sicher schuld dran, wenn nichts aus ihm wird.«

*Für den heutigen Leser tut sich hier fast eine »verkehrte Welt« auf: Die Tante hat Gewissensbisse, weil sie den Neffen **nicht** schlägt! Und wenn sie ihn wirklich einmal verhaut, dann will ihr fast »das dumme Herz brechen«. Sie fühlt sich als Erzieherin verantwortlich und möchte den Charakter des ihr anvertrauten Kindes nicht durch zu große Weichheit gefährden. Wütend auf Tom ist sie aber so gut wie nie.*

Ist es bei modernen Eltern nicht oft genau umgekehrt? Daß es falsch, unpädagogisch und schädlich ist, die Kinder körperlich zu züchtigen, steht für sie fest. Und doch rutscht ihnen manchmal die Hand aus. Und doch sind sie oft so wütend auf das Kind, so empört über sein Verhalten, so ratlos, daß sie zuschlagen möchten. Und werden vielleicht noch wütender, weil sie's nicht dürfen. Toms Tante hatte ein schlechtes Gewissen, weil sie ihn nicht schlug. Heute hätte sie ein schlechtes Gewissen, es zu tun. Was die Erziehungsmaximen betrifft, so ist die Geschichte von Tom Sawyer ein historisches Buch.

Aber werfen wir einen Blick auf den Helden. Kein Zweifel, Tom ist ein begabter Junge. Vor allem aber ist er ein Genie der emotionalen Kompetenz. Beweise? Einen hatten wir schon: »Der weiß ganz genau, wie weit er's treiben darf, bis ich wütend werde.« Tom entgeht den härteren körperlichen Strafen, die seine Tante eigentlich für ihn vorgesehen hat, nicht nur wegen ihrer Weichherzigkeit, sondern auch, weil er sie kennt und auf sie eingehen kann. Er beherrscht die Klaviatur ihrer Gefühle. Wo eine solche Klaviatur fehlt, bezieht er natürlich trotzdem Prügel, etwa beim Schullehrer. Aber er kann auch mit den Gefühlen Gleichaltriger hervorragend umgehen. Wer erinnert sich nicht an die berühmte Eingangsszene des Buches:

Tom muß zur Strafe für Schuleschwänzen eines Samstags den Gartenzaun streichen. Eine langweilige Arbeit, doch er entledigt sich ihrer bravourös. Er macht einfach ein glückliches Gesicht und demonstriert Genuß bei der Arbeit. Nach kurzer Zeit steht die Dorfjugend Schlange: Jeder will auch einmal, Tom kann Geschenke dafür verlangen, daß er den Pinsel weitergibt – und somit seine Strafe delegiert.

Tom hat ein Grundgesetz der menschlichen Psyche verstanden: Was offensichtlich Spaß macht, darf auch anstrengend sein. Daß es Arbeit ist, wird dann glatt vergessen.

Tom versteht sich mit zaghafteren Jungen, aber er kann auch die Freundschaft des sozial abseits stehenden Trinkersohns Huckleberry Finn gewinnen. Nicht zuletzt aber liegen schon dem jungen Tom die Herzen der Mädchen zu Füßen. Es ist geradezu ein Kabinettstückchen der Verführungskunst, wie er erste zarte Bande zu der bewunderten Becky Thatcher knüpft: Er macht sie, die ihm zunächst demonstrativ den Rücken kehrt, in der Schulstunde durch kleine Zeichentricks neugierig, schenkt ihr einen Pfirsich, den sie erst liegen läßt, dann aber doch einsteckt, schreibt eine Liebeserklärung, auf die sie erst empört, dann geschmeichelt reagiert, gewinnt ihre Freundschaft, fordert einen symbolischen Kuß ein. Natürlich ziert sie sich jetzt erst recht, so daß er zu einer härteren emotionalen Waffe greifen und sie durch das Umwerben einer Konkurrentin eifersüchtig machen muß. Er könnte es nicht geschickter anstellen, sie zu »bekommen«. Natürlich ist Tom geltungsbedürftig, genußsüchtig, faul und unbeherrscht, das ändert aber nichts daran, daß er seine eigenen und die Gefühle anderer sehr sensibel wahrnimmt. Im Gegenteil, es hilft ihm sogar: Er kalkuliert die menschlich-allzumenschlichen Eigenschaften, die er an sich selbst kennt, auch bei den Mitmenschen ein.

Und es sei sogar die Vermutung erlaubt, daß für die Entwicklung seiner intra-, vor allem aber seiner interpersonalen Intelligenz die (gemäßigt) strenge Struktur der ihn umgebenden Welt nicht ganz unwichtig ist: Wer die Schläge des Lehrers fürchten muß, beobachtet ihn genau. Wer die weichen Stellen des Herzens der Tante aus Erfahrung kennt, läßt seinen Charme spielen. Wo ohnehin nie eine Sanktion droht, müssen Heranwachsende sich nicht sonderlich anstrengen, die Erziehungsberechtigten zu umgarnen. (Dazu paßt die Beobachtung, daß heutige Jugendliche das ausgesprochen gut verstehen, wenn es um Taschengelderhöhungen und Konsumgüter geht.)

Wo aber ohnehin immer Strafe droht, lohnt die Anstrengung ebenfalls nicht, wie zum Beispiel auch Ingmar Bergmans Darstellung einer pietistisch-puritanischen Erziehung im Film »Fanny und Alexander« drastisch vor Augen führt: Die vollkommen verschüchterten Kinder sind wehrlos gegenüber der mit geistlicher Autorität auftretenden strafenden Gewalt.

Willkürliche Gewalt erlebt der andere berühmte Protagonist von Mark Twains Jugendromanen, Huckleberry Finn. Der »jugendliche Paria des Städtchens« ist der Sohn des berüchtigten Ortstrunkenbolds und zuhause vor Schlägen zu keiner Zeit sicher. »Huckleberry war gründlich verhaßt und verabscheut von allen Müttern der Stadt, die ihn fürchteten wie die Pest, weil er nach ihrer Ansicht roh und gesetzlos war, und besonders, weil ihre Jungen ihn so bewunderten und anstaunten und rein versessen waren auf seine verbotene Gesellschaft, ja, sich nichts sehnlicher wünschten, als ihm zu gleichen.« Was Huckleberrys Leben trotz der schwierigen sozialen Voraussetzungen für die anderen Jungen so begehrenswert macht, ist seine »ungebundene Existenz«. Er kann kommen und gehen, wann er will, keiner verbietet es ihm. Die Kehrseite der Medaille: Keiner kümmert sich um ihn, wenn er zu Hause ist, keiner vermißt ihn, wenn er verschwindet.

Ein verwahrlostes Kind aus einer Alkoholikerfamilie, ein Out-Law, extrem früh zu Selbständigkeit und Selbstbehauptung gezwungen: Ist so einer nicht der geborene Kandidat für Suchtverhalten und Kriminalität? Der Psychotherapeut Eckhard Schiffer hat sich mit der Frage »Warum Huckleberry Finn nicht süchtig wurde« an das Lieblingsbuch seiner Kinderzeit gemacht. Schiffer will Hucks Kindheit keinesfalls idealisieren. Doch er ist überzeugt, daß die zweifellos fehlende Geborgenheit hier teilweise wett gemacht wurde durch Möglichkeiten, von denen viele Kinder, die heute in »behüteten Verhältnissen« leben, nur träumen können. Floßreisen auf dem Mississippi, Fischfang auf einer einsamen Insel und Verbrecherjagd um Mitternacht, das sind natürlich Abenteuer, die auch in naturverbundeneren Zeiten exzeptionell waren. Nicht umsonst wird Huckleberry Finn von seinen Altersgenossen beneidet und von den Müttern – wie auch heute diejenigen Spielkameraden, die »alles dürfen« – gefürchtet. Aber auch harmlosere Erfahrungen wie das Hüttenbauen auf freiem Feld machen Kinder heute vielfach nur noch aus »zweiter Hand« beim Fernsehen. Huck aber konnte die äußere Welt selbst »ausprobieren«, sich an ihren Widerständen reiben und seine Phantasie an ihr schulen. Schiffer ist sich sicher: Drogen sind Ersatz, und Ersatz brauchte Huck nicht. Daß er demonstrativ sein Pfeifchen schmaucht, ist weit eher Ausdruck seiner »Männlichkeit« als einer Sucht.

Daß Schiffer mit Huckleberry Finn eine literarische Figur als Demonstrationsobjekt wählt, die als »Risiko«-Kind gelten kann, zeugt für einen interessanten Ansatz. Er lenkt den Blick nicht auf das, was Huck fehlt: Das springt ohnehin ins Auge. Er macht uns statt dessen aufmerksam auf die Dinge, die er überreichlich zur Verfügung hat: Freiheit, Natur, körperliche Robustheit, gleichaltrige Bewunderer. Dieser Blick in die Vergangenheit könnte für Eltern und Erzieher von heute aufschlußreich sein, wenn wir uns fragen, was unseren Kindern wohl fehlt.

Aber auch Tom, der Behütete, ist als Modell nicht uninteressant: Sein Leben hat den Vorteil, ein wenig »normaler« zu verlaufen und mit dem der Kids von heute ein bißchen besser vergleichbar zu sein.

Für Erwachsene heißt der wahre literarisch-psychologische Geheimtip aus Mark Twains Romanen allerdings Tante Polly! Tom und die Tante lieben sich, das ist ganz offensichtlich. In der Tante hat Tom eine erwachsene Bezugsperson, die ihre Gefühle kennt und sich im Zweifelsfall eher nach ihnen richtet als nach irgendwelchen »Autoritäten«. Tante Polly fühlt sich für ihren Neffen verantwortlich, und Tom fühlt sich bei ihr geborgen. Von dieser sicheren Basis aus stürmt er nach draußen, zu den Abenteuern des Lebens.

7. Teil

Ein weites Feld
Oder: Der Teppich der Gefühle

»Die einzige Möglichkeit, andere nicht mehr zu beneiden, liegt darin, ein frohes Ich zu haben.« (Sylvia Plath)

Körpergefühl

Zu Beginn des letzten Teils sei die Behauptung gewagt: Kindern zu helfen, mit eigenen und fremden Gefühlen möglichst kompetent und souverän umzugehen, ist das wichtigste Erziehungsziel, das Eltern sich stecken können. Denn es geht um's Ganze: darum, ob ein Mensch sich und anderen nahesteht. Ob er sich selbst mag – oder sich wenigstens selbst Gerechtigkeit widerfahren läßt. Ob er die anderen »versteht« – und sie vielleicht in besonders glücklichen Augenblicken sogar »lieben kann wie sich selbst«.

Woody Allen bringt präzise auf den Punkt, was jeder manchmal empfindet: »Das einzige, was ich bedaure, ist, daß ich nicht jemand anders bin.«

In Augenblicken der Mutlosigkeit, wenn die Liebe zur eigenen Person und der Bezug zu den anderen gleichzeitig gefährdet sind, wäre das schließlich eine elegante Lösung: Nicht mehr im verhaßten Ich gefangen sein, dafür aber den anderen, in dessen Haut man steckt, endlich »von innen« verstehen. Eine elegante Lösung, die nur den entscheidenden Nachteil hat, nicht praktikabel zu sein.

Ein »frohes Ich«, sagt die amerikanische Dichterin Sylvia Plath, ist »die einzige Möglichkeit, andere nicht mehr zu beneiden«. Die begabte Dichterin, eine schöne junge Frau und Mutter von zwei kleinen Kindern, nahm sich im Alter von 30 Jahren das Leben. Theorie und Praxis, Einsicht und Lebenswirklichkeit, klaffen oft auffallend auseinander.

Es ist schwer, sich (und anderen) nahezustehen. So schwer, daß nicht nur viele Jugendliche Drogen brauchen, um dem Ziel nahezukommen. Liest man etwa die Liste der Effekte, die Ecstasy-Konsumenten von der Glückspille erwarten, so wird genau dieses Bedürfnis nach Nähe sichtbar:

- Empathie, gehobene Stimmungslage,
- gesteigertes Lebensgefühl,
- erhöhte Kontaktbereitschaft,
- verbesserte Fähigkeit zur Introspektion,
- Aufmerksamkeitsfokussierung,
- erhöhte Emotionalität,
- herabgesetzte Aggressivität,

sind nur einige der Ziele, die genannt werden. Sie entsprechen ganz erstaunlich den Zielen, die auch mit einer Förderung der emotionalen Intelligenz angestrebt werden. Nicht die Ziele sind also zu kritisieren, sondern der Weg, auf dem Drogenkonsumenten versuchen, sie zu erreichen. Der Verzicht auf die Droge, müßten Eltern ihren Kindern glaubhaft machen (und also auch glaubhaft vorleben) können, bedeutet nicht Verzicht auf ein gesteigertes Lebensgefühl, das durch Nähe zu sich selbst und Nähe zu den anderen entsteht.

Das hat zuallererst ganz konkret mit dem **Körper** zu tun. Mit der Haut, in der man steckt. Ehe über gezielte Schulungsprogramme und Training der emotionalen Kompetenz unter Anleitung nachgedacht wird, ehe neue Schulfächer und nachmittäglicher Förderunterricht weiter zur Überfrachtung des Bildungsangebots von Kindern und Jugendlichen beitragen, sollten Eltern sich der einfachen Dinge entsinnen. Sie sollten die notwendigen Bedingungen für das Gedeihen ihrer Sprößlinge im Auge haben, die allein die Intelligenz der Gefühle natürlich nicht herbei zaubern können, ohne die aber buchstäblich nichts geht: Essen, Bewegung, Schlafen, Spielen, Reden, Zärtlichkeit.

Ja, so banal muß man beginnen: Mit leerem Magen ist es zum Beispiel deutlich schwerer, ein angenehmer Zeitgenosse zu sein: »Der Blick auf die eigenen Person, auf die Welt, auf die Mitmenschen läßt sich tatsächlich durch eine schlichte Scheibe Schwarzbrot nachhaltig verändern« meint provokativ die Soziologin Astrid von Friesen. Aus Gesprächen, die sie mit zahlreichen Grundschullehrerinnen führte, ergab sich, daß viele Kinder regelrecht ausgehungert in die Schule kommen. Und das sind die »Kleinen«, die es durchaus noch nicht cool finden, ohne Pausenbrot anzutreten. Eltern sollten nicht das Komplizierte für ihre Kinder wollen, ehe sie ihnen das Einfache gegönnt haben: einen vielseitigen Speiseplan, Pausenbrote auf Wunsch, gemeinsame Mahlzeiten.

Wem Vitamine fehlen, dem fehlen neben Abwehrkräften gegen Infektionskrankheiten und Schutz für die Gefäßwände wohl auch körperliche Voraussetzungen für die Ausgeglichenheit des Gemüts. Und bei einem guten Essen kann man sich selbst und den Tischgenossen so nah sein wie nur bei wenigen anderen Gelegenheiten. Körperliches Behagen, geistige Angeregtheit, der Anblick der anderen, Austausch von Worten und Gesten, das Gefühl des Verstehens, der Wunsch zu teilen: Alles vermischt sich, und wer es auseinander halten wollte, hätte viel zu tun.

Natürlich gibt es auch beklemmende Mahlzeiten in Gourmet-Tempeln und an häuslichen Eßtischen. Alles im Leben kann schließlich mißlingen. Doch wenn der 12jährige Milan, der während der Klassenfahrt dadurch auffällt, daß er mit dem Essen anfängt, sobald seine Portion auf dem Teller ist, von seiner Lehrerin gefragt wird, ob er das denn zu Hause genauso mache, darauf die klare Antwort gibt: »Ich esse nie mit meiner Mutter zusammen. Erstens mögen wir nicht das Gleiche, und zweitens ist es viel zu langweilig« – dann ist da etwas schon *vor* der Mahlzeit mißlungen.

Rund um's Essen gibt es heute noch andere Probleme, die mit dem Thema »Nähe zu sich selbst« und »Intelligenz der Gefühle« eng verbunden sind. Wer, wie viele Jugendliche, ans Thema Essen nur noch im Zusammenhang mit der eigenen Figur denken kann, wer Essen grundsätzlich als »Sünde« betrachtet, der ist von einem befreiten Gefühlsleben und von Nähe zu sich selbst vermutlich sehr weit entfernt. Gerade die Erfolgreichsten unter den Diäthalter(inne)n werden krank: In der Magersucht herrscht der Wille über Hunger und Appetit, der Ehrgeiz über die Lebenslust. Emotionale Intelligenz wird auch dafür durchaus gebraucht: Um sich selbst zu überlisten, um die Umgebung zu täuschen. Aber sie ist nur Mittel zum Zweck, dem Willen dienstbar gemacht. Die interpersonale Kompetenz der Betroffenen ist meist besonders ausgeprägt: Sie wissen genau, was die Eltern wollen und passen sich ihnen vordergründig oft sehr gut an. Wenn die Eltern merken, daß etwas nicht stimmt, stellen sie natürlich die klassische Frage: »Was haben wir falsch gemacht?« Aber machen die Eltern heute soviel mehr falsch als noch vor dreißig Jahren? Auf der Suche nach den »Gründen« für die Magersucht muß der Blick über den Tellerrand der Familie hinausgehen. Auf der Suche nach Hilfen ebenfalls.

Zurück zu den anderen einfachen Dingen des kindlichen Lebens: Toben, rennen, Ball spielen, baden – Bewegung fördert die Intelligenz-Entwicklung. Kinder müssen be-greifen, was sie begreifen sollen. In der Entwicklung des Gefühlslebens spielt die Wahrnehmung der eigenen körperlichen Möglichkeiten, Geschicklichkeiten und Kräfte eine entscheidende Rolle. Wenn aus Bewegung »Sport« wird, so wird sie Regeln unterworfen: Die Bewegungen müssen »richtig« ausgeführt werden. Geht es um Mannschaftsspiele, kommen soziale Regeln hinzu. Psychologen bedauern deshalb, daß die Bedeutung der Sportvereine und des Mannschaftssports für Kinder und Jugendliche in den letzten Jahren abgenommen habe. Wettkämpfe einzelner Individuen wie beim Tennis-Match nehmen dagegen an Bedeutung zu. Der Psychotherapeut Eckhard Schiffer konstatiert, daß das »game«-Prinzip des Wettkampfs und der Konkurrenz zu früh über das »play«-Prinzip des kindlichen Spiels dominiere.

Auch beim Handball oder Fußball gibt es Gewinner und Verlierer. Aber da kann sich eine ganze Mannschaft gegenseitig auf die Schulter klopfen oder tröstend in den Arm nehmen. Der Verlierer des Einzelkampfs hingegen muß mit der Niederlage allein fertig werden, er allein, sein Körper hat »versagt«. Es besteht die Gefahr, daß die Zuneigung zum eigenen Körper an eine Bedingung geknüpft wird: Er muß – wie der der Magersüchtigen – eine Leistung »bringen«. In diesem Zusammenhang ist es nicht ganz uninteressant, daß große Unternehmen heute bei den Einstellungsgesprächen Stellenbewerber auch fragen, welche Sportarten sie praktizieren. Mannschaftssport steht dort hoch im Kurs. Die enge Verbindung zwischen Körperkultur und Emotionaler Intelligenz stellen eben nicht nur einige universitäre Theoretiker in ihren abgeschiedenen Studierstuben her...

Spielräume

»Menschliches Wohlbefinden hat in einem wichtigen Aspekt Kontakt mit der Natur zur Voraussetzung«, sagt der Stadtökologe H. Sukopp. Haben es Kinder vom Land also besser?
Aber wenn das so ist: Warum vertiefen sich unsere Kids ausgerechnet dann in ihre Comichefte, wenn wir während der Urlaubsreise die absoluten landschaftlichen Highlights der jeweiligen Region erreichen? »Schau doch mal, wie malerisch das Mohnfeld da liegt! Und siehst du den kleinen See im Abendlicht?« Wenn wir ehrlich sind: Auch wir haben – vielleicht einen Kick höflicher, in der Sache aber um keinen Deut anders – in solchen Fällen seinerzeit mit Desinteresse reagiert. Brauchen Kinder also die Natur, deren Schönheiten sie doch gar nicht wahrnehmen?
Es gilt zu unterscheiden. Der Mensch kann Natur, wie Ökopsychologen feststellen, für verschiedene Zwecke »gebrauchen«:
■ Er kann sich an ihrem Anblick erfreuen, sie also ästhetisch genießen wie die Eltern während der Urlaubsreise,
■ er kann (und muß) sie allerdings auch für seine Lebensbedürfnisse nutzen und gestalten.
■ Wenn Kinder also für den ästhetischen Reiz der Natur kein (oder wenigstens kein bewußtes) Auge haben, nutzen sie sie dann vielleicht für ihre Zwecke?
Kinder brauchen Spielräume. Freiheit und Ungebundenheit sind besonders für 9-14jährige Kinder ganz entscheidende Voraussetzung einer gesunden Entwicklung. Sie wollen, von Erwachsenen unbeobachtet, einen Teil ihrer Freizeit zusammen mit Altersgenossen spielend gestalten können. Dazu brauchen sie Platz, sie brauchen Räume, die »brach« liegen, also augenblicklich keinem bestimmten Zweck die-

nen. Solche Orte fordern Phantasie und Kreativität heraus. Sie können durchaus auch in der Stadt liegen. Der verwilderte Teil eines
Parks, ein nicht allzu zivilisierter Hinterhof, eine offengelassene Bau-
stelle – solche Orte können Kinder glücklich machen, weil sie nach
spielerischer Gestaltung geradezu schreien. Leider sind dies in der
Stadt oft zugleich – zu Recht oder zu Unrecht – als »gefährlich« ver-
schrieene Orte, so daß die Erwachsenen Kinder nicht gerne unbeauf-
sichtigt dort spielen lassen. Daß diese Orte oft nicht »schön« sind,
stört die Kinder weniger. Psychologische Untersuchungen haben ergeben, daß sie dort vor allem die Ungestörtheit genießen.

In dieser Hinsicht sind übrigens den gleichen Untersuchungen zufolge Kinder aus innerstädtischen Wohnblocks oft noch besser dran als
Kinder aus Einfamilienhäusern im Grünen, weil der »Zugriff der Eltern auf die Aktivitäten der Kinder« (Sukopp) bei ersteren deutlich
geringer ist. Die angelegten Spielplätze sind ihnen dabei allerdings
weniger wichtig: Am meisten werden die Flächen geschätzt, die von
den Planern vergessen wurden!

Die selbsternannten Spielplätze der Kinder haben ihre eigene Ästhe-
tik, wie zum Beispiel die benachbarte Sperrmüllsammelstelle, in der
sich sehr zum Entsetzen ihrer gutbürgerlichen Eltern die Grundschü-
lerinnen Maria und Konstanze gerne herumtreiben. Die beiden können glücklich sein, selbst wenn sie nicht alle »brauchbaren« Fund-
stücke in die elterlichen Reihenhäuser mitnehmen dürfen: Wenigstens haben sie Zeit genug, um im unbeaufsichtigten Spiel ihre eigenen Ideen zu verwirklichen. Für viele Kinder wird dagegen heute, wie
die Publizistin Christiane Grefe formuliert, viel zu früh das »Ende der
Spielzeit« eingeläutet. Ein ausuferndes Nachmittagsprogramm nimmt
ihnen fast jede Chance, Zeit selbst einzuteilen und Räume ohne elterliche Begleitung auszukundschaften.

Auch zu Hause ist, wie der Psychoanalytiker Alexander Mitscherlich
schon 1965 beklagte, oft kein Raum zur eigenen Gestaltung, weil die
knappbemessenen Neubauwohnungen keine Besenkammern, Dach-
böden, endlosen Korridore oder vernachlässigten Winkel bieten
oder weil die Eltern zu »Wohnfetischisten« geworden sind, die »mit
menschlichen Kontakten nicht ins Klare kommen und statt dessen

reine Böden schaffen«. Oder, wie man aus der Sicht der Neunziger ergänzen könnte, leere Räume favorisieren, in denen teure Designermöbel »wirken« können. Ist zu Hause alles zu aufgeräumt, dann fehlt das »Psychotop« zur Entfaltung. Sturmfreie Bude ist dann bestenfalls, wenn die Eltern ausnahmsweise einmal das Weite gesucht haben.

Daß Kinder, für die es weder draußen noch drinnen etwas Eigenes zu gestalten gibt, nicht die Chance haben, auf Widerstände des Materials zu stoßen, halten Psychologen für gefährlich: Sukopp gibt zu bedenken, daß Kinder, für die die ganze Welt »auf Knopfdruck« funktioniert, später ihre gesamtgesellschaftliche Umwelt einschließlich der zwischenmenschlichen Beziehungen für beliebig manipulierbar halten.

Das aber heißt: Nicht zuletzt für die Entwicklung der interpersonalen Fähigkeiten ist es entscheidend, als Kind Zeit in freien, gestaltbaren Räumen verbringen zu dürfen, wo man Hütten bauen, Verstecke anlegen, auf Beobachtungsposten gehen und sich manchmal auch gruselnd der »Angstlust« hingeben kann.

Aber ist es denn ganz gleichgültig, ob dieser Ort nun ein Schrottplatz ist oder eine blumenübersäte Frühlingswiese? Hat die Natur gar nichts, das unersetzlich wäre für die kindliche Entwicklung?

Ganz so einfach scheint es auch wieder nicht zu sein. Ökopsychologen sprechen vom »emotionalen Verhältnis« zur Natur, das besonders Kinder in der Vorpubertät entwickeln, und halten dies gewissermaßen für die biologische Basis der menschlichen Intuition. Die Pflege eines Gartens oder eines Tiers ermöglicht Beobachtung, Einwirkung und liebevolle Bindung. Besonders Kinder, die keine jüngeren Geschwister haben, lieben es, für ein Haustier zu sorgen.

Kinder dieser Altersgruppe zwischen 9 und 14 sind es auch, die sich in den letzten Jahren besonders für den Umweltschutz engagierten: Florierende schulische Arbeitsgemeinschaften oder Jugendgruppen der Umweltorganisationen (Naturfreundjugend, Greenpeace mit den »Green-Teams«) zeigten das besonders in den 80er Jahren deutlich. Wer als Kind keine eigenen positiven Erfahrungen mit Pflanzen, Tieren und relativ unberührter Natur gemacht hat, steht der Gefahr ihrer Zerstörung entweder gleichgültig oder aber völlig hilflos gegenüber.

Die Gefährdung natürlicher Lebensgrundlagen ignorieren oder aber sie dramatisieren: Beides sind auch in emotionaler Hinsicht gefährliche Reaktionen. Wer einen großen Teil seines Lebens noch vor sich hat, den dürfen Umweltgefährdungen nicht kalt lassen. Wer andererseits glaubt, es sei ohnehin »alles zu spät« und keine Rettung in Sicht, kein Engagement lohnend, verfällt leicht in Resignation und depressive Stimmung. Und man sollte sich nicht täuschen: In dieser Stimmung leben heute zahlreiche Jugendliche. Wenn sie von Umweltthemen nichts mehr hören wollen, so versuchen sie damit auch, sich abzuschotten und verweigern den Blick auf bedrohliche Entwicklungen, denen sie sich ohnmächtig ausgeliefert fühlen.

Wer Heranwachsende ökologisch sensibilisieren möchte, sollte den Schwerpunkt also eher auf Naturerlebnisse als auf die Mitnahme zu Groß-Demos legen. Das ist allerdings kein Plädoyer für den guten alten Sonntagsspaziergang in Lackschuhen, sondern eher für die Fahrradtour ins Grüne mit langer Spielpause im Wald oder am Bach. Vor allem aber für ein alltägliches Wohnumfeld, das Erfahrungen im Ungeordneten, Gestaltbaren, Wilden möglich macht.

Im Reich der reichen Phantasie

»Also, ich wäre jetzt einmal der Arzt, und Du bist die Mutter von dem kranken Kind. Und Du würdest dem Arzt sagen, daß Dein Kind sich so heiß anfühlt und gar nichts mehr ißt.« Clara übt den Konjunktiv, ohne es zu merken. Sie tut, was sie am liebsten tut, seit sie drei oder vier Jahre alt ist: Sie spielt eine Rolle. Spielen bedeutet für sie überhaupt nichts anderes als Rollenspiel. Sie braucht dazu eine oder zwei Freundinnen – manchmal wird gnädigerweise auch ein Junge zugelassen – und ein paar Requisiten, die sich in jedem Haushalt finden. Das kranke Kind spielt die kleine Schwester, die genau weiß, daß sie überhaupt keine Chance hätte, dabeizusein, wenn sie nicht bereit ist, die Rolle der Statistin im Bett zu übernehmen.

Am Anfang wissen Clara und ihre Freundinnen, daß sie nur spielen: Der Inhalt des Spiels wird in groben Zügen abgesteckt. Das ist die

Phase der »Wäre«- und »Würde«-Sätze. Doch dann geht es zur Sache, zur möglichst perfekten Imitation der »großen« Welt. Zwischendurch, aus lauter Ungeduld, vielleicht das eine oder andere Mal die Flucht in den Konjunktiv, zur Abkürzung (»Wir müßten im Wartezimmer heute nicht so lange warten und kämen jetzt schon dran!«) oder zur Abstimmung mit den Mitspielern (»Wäre das Kind jetzt wieder gesund?«).

Im Rollenspiel wird die Welt nachempfunden, werden Verhaltensweisen und Gefühlsregungen planvoll getestet. Die Rollen sind keineswegs auf Vater, Mutter, Kind beschränkt. Auch fiktive Figuren, Büchern oder Fernsehfilmen entlehnt, können Modell stehen: Fabian war wochenlang Emil und hielt sich seine Detektive warm, Magda trug fast einen ganzen Sommer lang weiße Schürzen über Blümchenkleidern und zog als Astrid Lindgrens Madita durch die Lande, gewissenhaft auf den Spuren der Romanhandlung vom Waldpicknick bis zu den Streichen mit der kleinen Schwester.

Für Kinder ist die Welt weit, sie können sich in vielen Rollen ausprobieren. Manchmal haben Eltern darunter zu leiden: Florians Mutter erzählt, daß ihr Sohn monatelang einen unsichtbaren Freund namens Robert mit zu Tisch bat. Sie machte sich ernste Sorgen, denn ohne Robert ging bald nichts mehr. Nur seine Meinung zählte. Doch ehe die Mutter psychologischen Rat suchte, war Robert von einem Tag auf den anderen verschwunden. Er wurde nicht mehr gebraucht.

Bettina und Charlotte spielen leidenschaftlich gern Theater. Schön, daß es im Keller von Bettinas Haus eine selbstgezimmerte Bühne und eine »Verkleidungskiste« mit den wichtigsten Kostümen und Requisiten gibt. Weniger schön, daß beide Mütter phasenweise fast täglich zu Aufführungen gebeten werden, die in ihren Augen die mangelnde Probenarbeit deutlich erkennen lassen. Nahezu im Verhältnis 1:1 wird da zum Beispiel der an dramatischen Höhepunkten nicht eben reiche Tagesablauf einer Familie auf die Bühne gebracht. Die Akteure spielen für sich, die Zuschauer werden jedoch dringend zum Applaudieren gebraucht. Sie benötigen viel Geduld und noch mehr diplomatisches Geschick, um die Zuschauerrolle zu meistern – oder zeitweise zu verweigern. Gut, daß Eltern häufig geneigt sind, die eigenen Sprößlinge trotz solcher Schwächen unwiderstehlich zu finden. Denn die brauchen das Ausprobieren vielfältiger Rollen, das Durchdenken und Durchfühlen fremder Charaktere, um eines Tages zu einer stabilen Identität zu finden.

Kinder brauchen Märchen

Wofür braucht man eigentlich Eltern? Die fünfjährige Lisa ist sich sicher: »Zum Vorlesen!« Alles andere kann sie schließlich schon so gut wie alleine.

Sie hat nicht unrecht: Eins der positivsten Dinge, die Eltern über lange Jahre hinweg für die seelische Entwicklung ihrer Kinder tun können, ist das Vorlesen und Erzählen von »Geschichten«.

Dafür gibt es zwei wichtige Gründe.

Der eine betrifft die Form, das Lesen und Erzählen, das Medium Buch: Kindheit ist, wie der Pädagoge Hartmut von Hentig sagt, heute zu einem guten Teil Fernsehkindheit. Darüber wird viel geredet und geschrieben. Medienkritiker wie der Amerikaner Neil Postman beklagen das »Verschwinden der Kindheit«, Pädagogen warnen vor Überdosierung. Reden und Schreiben allein ändern an der Bedeutung der »Glotze« für den kindlichen Alltag allerdings nichts.

Kinder aber nehmen für bare Münze, was sie auf dem Bildschirm sehen. Es ist für sie Wirklichkeit im Maßstab 1:1. Nicht umsonst sind sie als Zielgruppe der Fernsehwerbung so begehrt.

Und es stimmt nicht, daß nur kleine Kinder für solche Gleichsetzungen anfällig wären: Absolut coole und aufgeklärte Teenager wie die 13jährige Katharina rennen in den Drogeriemarkt, um die neue Anti-Pickel-Serie zu kaufen, die absolut coole und aufgeklärte Teenager in der TV-Werbung offensichtlich mit viel Erfolg benutzen.

Was man dagegen *hört* oder *liest,* muß man sich erst einmal selbst vorstellen. Nichts Geringers als die Instanz Phantasie wird zwischengeschaltet. Selbst die Illustrationen der Bilderbücher sind für sie nur Krücken.

Der zweite Grund betrifft den Inhalt des Erzählten oder Vorgelesenen. Kinder möchten, wie der Psychoanalytiker und Pädagoge Bruno Bettelheim darlegt, in der Kunst auch mit den Schattenseiten, ja sogar mit den Abgründen des Lebens konfrontiert werden. Sie wissen, daß es das »Böse« gibt, auch in ihnen selbst. Sie wissen, daß Menschen mit Schwierigkeiten zu kämpfen haben, daß sie leiden, daß sie sich gegenseitig quälen können, daß sie sterblich sind. Bettelheim sagt: »Viele Eltern glauben, man sollte das Kind nur mit bewußter Wirklichkeit oder angenehmen, wunscherfüllenden Bildern konfrontieren, ihm also nur die Schokoladenseite der Dinge zeigen. Aber eine solche einseitige Wegzehrung nährt die Persönlichkeit auch nur einseitig, und das wirkliche Leben hat Schattenseiten.«

Wenn Eltern ihre Kinder vor der Erkenntnis bewahren wollen, daß Menschen zornig, aggressiv und in höchstem Maße unsozial sein können, können Kinder sich selbst als Ungeheuer erscheinen, sobald sie diese zerstörerischen Impulse in sich entdecken. Man hat sie dann mit den negativen Anteilen ihrer Persönlichkeit allein gelassen: »In unserer Kultur besteht die Neigung, besonders wenn es um Kinder geht, so zu tun, als existiere die dunkle Seite des Menschen nicht. Sie verkündet einen optimistischen Fortschrittsglauben.«

Meint Bettelheim also, man solle Kinder möglichst viele Horrorvideos anschauen lassen – die schließlich dankenswerterweise die Augen vor den »dunklen Seiten des Lebens« nicht verschließen?

An dieser Stelle kommen wir zum Kern des zweiten Arguments, das für die Bücher und für das Erzählen spricht: Auch für die grausamen Elemente einer gehörten Geschichte kann ein Kind angemessene eigene Bilder selber suchen, im Film werden ihm die fremden aufgedrängt. Sich die Augen zuzuhalten, wie man es bei Kindern im Kino häufig beobachten kann, ist dann eine bemerkenswert gesunde Reaktion.

Gerade weil Kinder die Konfrontation mit ihrem eigenen Unbewußten, mit dem Dunklen, Geheimnisvollen, mit den Fragen der menschlichen Existenz, die nicht glatt aufgehen, geradezu suchen, weil sie diese »gefährlichen« **Inhalte** brauchen, kommt es auf die **Form** an, in der sie ihnen präsentiert werden. Die Geschichte »nur« zu hören, bietet ihnen die Möglichkeit, während dieser Konfrontation die eigene Phantasie arbeiten zu lassen. Auch das positive Gegenstück, das die Märchen bieten, nämlich die Identifikation mit starken, schönen, guten und erfolgreichen Wunschfiguren, wird reicher, wenn die Phantasie mitarbeiten muß.

Wer nur den Fernsehkonsum seiner Kinder kontrolliert und der Phantasie keine andere Nahrung als Alternative bietet, wird also dem reichhaltigen kindlichen Seelenleben nicht gerecht. Wer ihnen dagegen exzessiven Fernsehkonsum ermöglicht, liefert sie ihren Ängsten aus, weil sie von ihrem eigenen Bearbeitungs-Werkzeug abgeschnitten werden.

Aus diesem Dilemma kann das Vorlesen und Erzählen befreien. Auch kleinen Kindern kann man in dieser Form ernste und sogar brutale Stellen zumuten: Hauptsache, sie werden mit den Eltern zusammen »konsumiert«, und die Bilder entstehen dazu im eigenen Kopf.

(Volks-)Märchen wie die von den Brüdern Grimm gesammelten haben einen Vorteil, der sie für diesen gemeinsamen Konsum besonders geeignet macht: Sie sind so einfach geschrieben oder nachzuerzählen, daß schon Vierjährige sie verstehen können. Doch da sie an grundlegende Fragen des Lebens rühren und insofern »echt« sind, langweilen sie auch die Eltern nicht. Jeder kann – wie bei einem Kunstwerk eigentlich immer – seine eigene Phantasie spielen lassen und je nach Lebenserfahrung seine eigenen Schlüsse ziehen. Das Bedürfnis, geliebt zu werden, die Furcht, als nutzlos zu gelten, die Liebe zum Leben und die Furcht vor dem Tod: Wenn das keine Themen sind!

Eines allerdings sollte man vermeiden: Die Geschichte im Anschluß ans Erzählen zu zergliedern, zu analysieren oder gar in das Kind zu dringen, um zu erfahren, »warum« sie ihm so gut gefällt. Das würde den Zauber brechen und dem Kind vielleicht den Zugang zum Schatz des eigenen Unbewußten verstellen. Es würde sich womöglich ertappt oder hoffnungslos dumm fühlen, weil es in die Welt des Märchens eingetaucht ist und sie für die Dauer des Erzählens für bare Münze genommen hat, eine Welt, in der die Tiere sprechen können und die Menschen sich verwandeln. Heranwachsende bekommen noch früh genug Deutschunterricht – und glücklicherweise nicht von den eigenen Eltern! Denn ein analysierendes

Gespräch kann den schönen gemeinsamen Kunstgenuß schnell zunichte machen.

Man kann als Vorleser auch auf andere Art eine reiche Ausbeute an Erkenntnissen über die kindlichen Zuhörer vorweisen: Wenn man sie einfach nur ein wenig beobachtet, vor allem aber, wenn man darauf achtet, welche Geschichten sie immer wieder hören wollen, welche Motive in ihren Zeichnungen und Bildern wiederkehren. Oder auch darauf, worüber sie von sich aus zu sprechen anfangen. Wenn Kinder das tun, können Märchen und andere Erzählungen als Aufhänger für familiäre Gespräche über Angst, Stolz, Hoffnung und viele andere Gefühle dienen. Nicht nur Märchen, sondern auch längere und realistischere Texte eignen sich hervorragend zum gemeinsamen (Vor-)Lesen.

Miteinander ein Buch »in Arbeit« zu haben, wie es Michael, Vater von drei Töchtern und leidenschaftlicher Vorleser, nennt, das bedeutet: Über einen längeren Zeitraum hinweg mehr oder weniger regelmäßig ein Kapitel aus einem dicken Buch zusammen lesen. Es bedeutet auch, für diesen Zeitraum eine zusätzliche Welt miteinander zu teilen.

Vorlesen ist dann keine Konkurrenz fürs Selberlesen. Das wollen Kinder, die mit Büchern aufwachsen, sobald es geht ohnehin tun. Denn Selberlesen heißt: Das Tempo bestimmen können und – notfalls mit der berühmten Taschenlampe unter der Bettdecke – langfristig in ein Buch eintauchen. Kinder sind in solchen Zeiten oft über beträchtliche Teile des Tages hinweg weiter eine Romanfigur, sie ziehen sich an wie Pippi Langstrumpf oder bauen ein Floß wie Huckleberry Finn. Das ist keine Spinnerei, die Anlaß zu Bedenken geben sollte. Es ist im Gegenteil nicht weniger als Training der Emotionalen Intelligenz am Modell.

Das Leben ist ernst. Aber ist die Kunst heiter?

Es gibt Grund genug, die Künstler zu beneiden. Mit dem Pinsel auf der Leinwand, mit dem formbaren Material Holz oder Ton, mit ihren biegsamen Körpern, ihrer Stimme oder der Fingerfertigkeit ihrer Hände auf den weißen und schwarzen Tasten des Klaviers, aber auch mit poetischer Bildersprache haben sie Möglichkeiten des Ausdrucks, die über jene Worte und Gesten weit hinaus gehen, die den meisten Menschen in ihrem Alltag zur Verfügung stehen. Wer seine Erlebnisse, seine Gefühle so »verarbeiten« kann, hat aus emotionspsychologischer Sicht offensichtlich große Vorteile. Was liegt für Eltern näher, als diese Chancen auch ihren Kindern bieten zu wollen?

Was die Mutter nicht durfte, soll der Tochter möglich gemacht werden: Sie bekommt schon mit vier Jahren Ballettunterricht. Der Vater will seinem Sohn eine Welt erschließen, die er als Kind nur aus ehrfürchtigem Abstand bewundern konnte: Er kauft ein Klavier. Unsere Kinder sollen es besser haben: Dies hehre Motiv führt Mütter mit ihren Dreijährigen zum Geigenunterricht nach der japanischen Suzuki-Methode, ins Mutter-Kind-Turnen zur Förderung der körperlichen Ausdruckskraft, in die musikalische Früherziehung mit Orff-Instrumenten und nur wenig später in den Kinderchor, ins Ballett, in die Malschule und den Töpferkurs. Blockflöte steht ohnehin für alle auf dem Programm, aber dann kommt die schwierige Entscheidung: Kann die Anschaffung eines Klaviers gewagt werden, oder doch lieber erst Gitarre, Querflöte, Geige oder Cello? Schlagzeug nur in Einfamilienhäusern mit gutisolierten Kellern, Saxophon vielleicht später.

Wer das Beste will, tut leicht zu viel des Guten. Vor allem aber geschieht viel Gutes heute viel zu früh: Da wir aus der Psychologie und aus der Gehirnforschung wissen, wie früh die Weichen für entscheidende Entwicklungen gestellt werden, wollen wir nichts versäumen. Und um ihre Kinder in deren eigenem Interesse »bei der Stange« zu halten, wenn aus der Lust am Neuen die Einsicht geworden ist, daß man jahrelang wird üben müssen, um einmal halbwegs gut zu sein, müssen Eltern reichlich Zeit, Geld und Nerven investieren.

Damit ein Kind nicht vorzeitig abspringt, wenn Musikmachen in Arbeit ausartet, werden Gewohnheiten entwickelt, für deren Einhaltung sich die Erwachsenen engagieren: Täglich ein bestimmte Zeit üben, ab und zu im kleinen Kreis ein Vorspiel wagen. Solche Anforderungen sind beileibe noch kein Drill.

Aber Kinder zur Kunst hinzuführen ist eine Gratwanderung: **Ein** Instrument, das das Kind noch dazu selbst mit ausgesucht hat und mit dem es nicht zu früh beginnt, ist vielleicht »drin«, mehrere sind für die allermeisten Kinder ein Überforderung. Schlimm ist vor allem, daß dann die Zeit für anderes fehlt, vor allem für das freie, unorganisierte Spielen, für Nachmittage mit Freunden.

Ab und zu eine Kunstausstellung mit den Eltern zu besuchen kann ganz lustig sein. Vor allem, wenn man Malblock und Stifte mitnehmen, sich irgendwo auf den Boden setzen und die schönsten Bilder kopieren darf. Aber jeden Sonntag macht das kaum ein Kind ohne Widerwillen mit.

Von anderen künstlerischen Ausdrucksmöglichkeiten bekommt dagegen kaum ein Kind schnell zu viel. Auch wenn die Parole »Jeder ist ein Künstler« zu einfach ist: Jedes Kind sollte von klein auf mit verschiedensten Materialien experimentieren dürfen: Fingerfarben, Plastillinmasse, Papier, Pappe, Wasser und Kleber, verschiedene Stifte, Stoffreste. Und in jeder Wohnung sollte es einen Tisch geben, der wenigstens zeitweise zum Schlachtfeld werden darf. Ordnung kann man später machen. Wenn sie von Anfang an und immer da ist, ist es schwer, kreativ zu sein.

Die Wonnen der Konzentration

»Mama, was soll ich jetzt machen?« Die siebenjährige Susanne sitzt unglücklich auf dem Boden ihres Kinderzimmers. Langeweile. Es ist still in der Wohnung, die Geschwister sind außer Haus, die Freundinnen nicht erreichbar. »Mal doch ein Bild« schlägt die Mutter vor. »Ich hab' aber keine Lust! Außerdem sind meine Stifte doof.« »Wir könnten sie mal wieder spitzen!« Die Mutter gibt so schnell nicht auf. »Und was soll ich dann malen?« So ganz nebenbei, schon beim Anspitzen, macht die Mutter einen Vorschlag, schon auf Ablehnung gefaßt: »Das Leben im Meer, Fische, Seesterne, Du weißt schon.« Da passiert es: Susanne macht sich an die Arbeit, Susanne hebt ab, Susanne ist nicht mehr ansprechbar. Das Allerweltsthema hat ihre Phantasie angeregt, sie weiß plötzlich, was sie tun möchte. So malt sie hingebungsvoll und mit langem Atem, vergißt die Welt um sich her. Sie ist, das sieht jeder, nicht nur mit Feuer und Flamme bei der Sache. Sie ist schlicht glücklich.

Sich wirklich auf eine Sache zu konzentrieren, in ihr aufzugehen, das macht glücklich. Wer sich langweilt, ist auf sich selbst zurückgeworfen. Wer sich konzentriert, vergißt alle anderen Bedürfnisse, vergißt die Welt um sich herum.

Grundsätzlich ist das Thema von Susannes Bild beliebig: Es hätte genausogut auch der Rodelhügel oder ein Ferienhaus am See sein können. Susanne aber hat ihr Thema gefunden. Fast jede Beschäftigung kann Anlaß zur Konzentration werden. Und Kinder, die häufiger die Erfahrung machen, sich in eine Beschäftigung – allein oder mit anderen zusammen – zu versenken, haben auf die Dauer ein Mittel an der Hand, sich selbst in eine zufriedene Gemütslage zu versetzen: Beim Malen, Lesen, Spielen, beim Sport oder beim Musikmachen. Oft ist die anfängliche Langeweile dafür eine notwendige Startbedingung. Denn sie ist nichts anderes als das Bewußtsein des Kindes, etwas Neues erleben zu wollen. Sein Trugschluß besteht nur meist darin, daß es erwartet, es müsse von außen etwas »geboten« bekommen, damit sich die Lücke schließt: Unterhaltung, Fernsehen, eine Unternehmung, Essen. Um ihren Kindern den selbständigen Weg von der Langeweile zur Zufriedenheit (und emotionalen Ausgeglichenheit) zu zeigen, müssen Eltern sich dieser Erwartung unbedingt häufiger verweigern. Sie sollten sich so oft wie möglich auf eine Art Hilfe zur Selbsthilfe beschränken und ihrem Sohn oder ihrer Tochter Vorschläge machen, ihnen Ansätze zu Ideen liefern, sie dann aber selbst weitermachen lassen.

Wer einem konzentrierten Kind zuschaut, wird mit Sicherheit feststellen, daß Anstrengung Spaß machen kann. Diese Erfahrung ist lebensnotwendig. Auf welchem Gebiet sie gewonnen wurde, ist demgegenüber zweitrangig, wenn auch nicht ganz und gar nebensächlich.

Lehrer stöhnen heute über konzentrationsgestörte Kinder in ihren Klassen. Sie haben es wahrhaftig nicht leicht mit ihnen. Doch eines ist klar: Viel schwerer haben es die betroffenen Schüler selbst mit sich.

Denn wer sich schlecht konzentrieren kann, ist um eine der wichtigsten und zuverlässigsten Glücksmöglichkeiten betrogen, die das Leben bietet: Sich so in etwas zu vertiefen, daß man darüber Raum und Zeit, vor allem aber auch sich selber vergißt. Der amerikanische Psychologe Mihaly Csikszentmihaly nennt dies Gefühl, mit der Sache eins zu sein, der man sich widmet, den »Flow«, und er übertreibt nicht, wenn er es als »das Geheimnis des Glücks« bezeichnet.

Empathie – das Glück der geglückten Nähe

Sympathie – Antipathie: Die beiden Empfindungen sind uns bekannt. Ich kann jemanden angenehm, liebenswert, eben einfach sympathisch finden. Ich kann einen anderen absolut nicht mögen, in ihm nur negative Eigenschaften entdecken: Er ist mir unsympathisch, ich habe eine Antipathie gegen ihn.

Aber Empathie? Sich in jemanden hineinfühlen und sogar hineinversetzen können, jemanden gewissermaßen »von innen heraus« verstehen: Geht das überhaupt? Können wir jemals ganz sicher sein, die anderen zu verstehen, wo wir doch nie in ihrer Haut stecken? Wenn alles so sicher wäre, brauchten wir dann zum Beispiel so oft die verbale Versicherung unseres Partners, er liebe uns (noch)?

Empathie ist ein Versuch. Sein Erfolg ist von weit mehr als gutem Willen abhängig und kann nur in einer möglichst gelungenen **Annäherung** an die Gefühle des anderen bestehen. Daß schon zum kleinen Kind immer eine Distanz bleibt, daß sogar Mutter und Kind gleich nach der Geburt für immer getrennt sind, ist schmerzlich.

Empathie ist die einzige Möglichkeit, Brücken zu schlagen, nachdem die Existenz des trennenden Gewässers anerkannt wurde. »Ich verstehe dich« ist (zu) schnell gesagt. Schon Kinder wollen Beweise. Wer verstehen will, muß genau beobachten, muß zuhören, Fragen stellen, Deutungen anbieten und es gegebenenfalls klaglos hinnehmen, daß sie verworfen werden.

Welche Hinweise haben Eltern, wenn sie die Gefühle ihrer Kinder verstehen wollen? Sie kennen ihre Mimik und Gestik von klein auf und können auch kleinste Veränderungen wahrnehmen, wenn sie die Aufmerksamkeit auf ihre Kinder lenken. Freudige Gefühle zu erkennen und mit dem Kind zu teilen, ist dabei natürlich die leichtere Übung. Wirklich gebraucht aber werden Eltern bei Kummer, Traurigkeit, Wut und Eifersucht. Oft erscheinen die Anlässe den Erwachsenen gering: Ein Freund hat den Sohn auf dem Pausenhof links liegen gelassen, die Tochter ist eifersüchtig auf den kleinen Bruder, die Eltern wollen wegen der Tierhaarallergie kein Haustier anschaffen.

Sich in das Kind einzufühlen bedeutet dann, den Vorsprung an Erfahrung für kurze Zeit vergessen. Der Erwachsene weiß genau: Dieser Kummer wird innerhalb kürzester Zeit zu vergehen. Vor dem Kind liegt dagegen eine trostlose Ewigkeit. Wenn es die Eltern schaffen, sich in die eigene Kindheit und deren Gefühlswelt **zurück**zuversetzen, können sie sich wesentlich besser in das Kind **hinein**versetzen und spüren, wie ihm zumute ist. Behutsame Nachfragen bringen dann genaueren Aufschluß. (Vermeintlicher) Trost von der Sorte »Wein doch nicht wegen jeder Kleinigkeit« ist eher geeignet, Brücken abzubrechen. Nicht die Eltern, sondern das Kind, dem der Kummer schließlich gehört, kennt seine Größe.

Das Kind ist ein ernstzunehmender Gesprächspartner, der allerdings über wesentlich weniger Lebenserfahrung verfügt. Es »relativiert« seine Gefühle noch nicht. Und es kommt ihnen nicht so leicht auf den Grund. Kein Wunder, wenn die Antworten eines 35jährigen auf die Frage, warum er denn traurig sei, wesentlich präziser ausfallen als die eines Sechsjährigen. Dessen Gefühl ist deshalb jedoch nicht weniger ernstzunehmen. Und es hat, wie das des Erwachsenen, einen Grund.

Die vierjährige Andrea ist eifersüchtig auf ihre kleine Schwester. Denn die hat Geburtstag, ihr gehören an diesem Tag viele Geschenke und die ganze Aufmerksamkeit der versammelten Verwandtschaft. »Alle anderen haben öfter Geburtstag als ich«, behauptet sie tränenüberströmt. Die Eltern können sich nicht nur das Lachen, sondern auch eine Belehrung nicht verkneifen: Schon rein logisch könne das doch nicht stimmen. Jeder Mensch feiere schließlich an seinem Geburtstag, daß er ein Jahr älter werde. Das aber könne doch nur einmal im Jahr ... Stop! Einspruch: Andrea steht allein gegen alle, sie ist im Unrecht, ist der elterlichen Logik – und ihrem amüsierten Blick – nicht gewachsen. Aber liegt nicht gerade in dieser Unterlegenheit eine Bestätigung ihrer Gefühle? Sie sieht die anderen Familienmitglieder als Einheit, als verschworene Gemeinschaft – und als solche haben sie (zusammen) wirklich viel öfter Geburtstag als Andrea. Wenig hilfreich ist in dieser Situation auch der Vorstoß der Mutter: Wenn Andrea erwachsen sei, werde sie schon sehen, daß es gar nicht so erstrebenswert sei, jedes Jahr Geburtstag zu haben und wieder ein Jahr älter zu werden. Statt sich in eine kindliche Lebenslage zurückzuversetzen, verlangt die Mutter vom Kind Einfühlung in eine Situation, die es überhaupt nicht kennen kann. Wäre sie imstande, eine ganz subjektive Eifersuchtserfahrung aus der eigenen Kindheit zu reaktivieren und Andrea davon zu erzählen, so wäre das sicher aufbauender als alle Logik der Welt.

Also elterliche Empathie ohne Unterbrechung, von morgens bis abends? Bei allem guten Willen ist das kaum machbar. Die Fähigkeit zur Einfühlung setzt Phasen des Alleinseins und der Besinnung voraus, und damit, wie der Psychologe John Gottman zu Recht betont, »etwas, über das vielbeschäftigte moderne Eltern kaum verfügen. Wenn Sie sich jedoch bewußt machen, daß die allein verbrachte Zeit Ihnen helfen kann, eine bessere Mutter oder ein besserer Vater zu werden, erscheint diese Idee vielleicht nicht mehr so abwegig. Paare können sich etwa dabei abwechseln, am frühen Morgen allein spazieren zu gehen oder ab und an zu einem Wochenendseminar zu verschwinden. Alleinerziehende finden vielleicht jemand mit ähnlichen Interessen, mit dem sie sich bei der gemeinsamen Kinderbetreuung abwechseln können.« Wer dann nach Hause zurückkommt, ausgeruht und mit den eigenen Gefühlen im Reinen, dessen Blick ist für den Gemütszustand der Kinder – und des Partners – erkennbar geschärft.

Empathie ist allerdings nicht nur das bei weitem wichtigste Mittel von Eltern, die ihre Kinder verstehen und ihnen Hilfe zur Selbsthilfe geben wollen. Sie sollte gleichzeitig auch eines der wichtigsten Erziehungsziele bilden. Schließlich ist sie nichts weniger als der Königsweg der interpersonalen Intelligenz.

Die Voraussetzungen dafür hat das Kind früh: Schon ganz kleine Kinder wollen spontan weinende Mitmenschen trösten. Sie sind in der Lage, bestimmte Gefühle anderer zu erkennen und zu teilen. Mitleid ist allerdings noch nicht Empathie. Fähigkeit zur Einfühlung setzt Nachdenken und Gespräche über Gefühle voraus.

Damit Kinder auf die Dauer nicht nur das Objekt der Empathie bleiben, müssen die Eltern mit ihnen auch ehrlich über die eigenen Gefühle sprechen.

Ein Plädoyer wider den tierischen Ernst

Hätten sich Andreas Eltern denn nun jedes Lachen verkneifen müssen? War die Bemerkung ihrer Tochter nicht wirklich komisch? Und ist Empathie grundsätzlich so ein ernstes Geschäft?

Natürlich: Empathie ist Einfühlung. Humor kann Distanz schaffen. Zu viel Distanz erscheint lieblos. Empathie bedeutet, den anderen ernst zu nehmen. Humor kann heißen, ihn auf die Schippe zu nehmen.

Die Mischung macht's. Denn Erziehung ist auch Unterweisung in der Leichtigkeit des Seins, Einübung in die Fähigkeit, sich selbst nicht immer und überall bedingungslos ernst zu nehmen. Auch den Kids zuliebe sollte man die Samthandschuhe manchmal ausziehen. Sogar Spott kann deshalb im Einzelfall ein vertretbares Mittel sein. Wir sollten unsere Fähigkeit zum Abstand, zur kühlen, rationalen Analyse nicht vorschnell zum alten Eisen werfen – und vor allem unsere Kinder nicht statt einseitig intellektuell nun einseitig emotional schulen.

Ein bißchen Logik, ein bißchen Kritik, ein bißchen Spott und sogar ein bißchen Ironie können sie ab einem bestimmten Alter schon vertragen. Wenn Jan Philipp Reemtsma nach über einem Monat Isolation »Im Keller« resümiert: »Wenn man etwas zum Leben und zum Überleben braucht, dann ist es Ironie«, so sollte das

auch hinsichtlich des (Über-)Lebens unter normaleren Bedingungen zu denken geben.

Empathie darf nicht zur Gefühlsduselei, und Erziehung der Gefühle nicht zu dumpfer Distanzlosigkeit und bedingungslosem Verständnis für alles und jedes führen. So entsteht nur vermeintlich Nähe. Die Distanz zu den eigenen Gefühlen, der kritische Blick auf die eigene Befindlichkeit, der Sinn für das Komische in vielen Lebenssituationen, das Lachen unter Tränen, der milde Spott über sich selbst: Auch das sind Gemütslagen, die erlernt werden wollen.

Zum Schluss

Gefühle und Moral:
Fingerspitzen statt Zeigefinger

Eltern, die ihrem Kind Geborgenheit schenken und Schutz geben, die sich ihrer Verantwortung bewußt sind, sich Zeit nehmen, sich manchmal als Vorbilder eignen und immer als Gesprächspartner zur Verfügung stellen, fördern damit die emotionale Entwicklung ihrer Kinder. Kinder sind wie Artisten in der Zirkuskuppel, die das gewagte Kunststück Leben vorführen. Eltern müssen ein Auffangnetz für sie spannen. Damit schaffen sie die wichtigste Voraussetzung dafür, daß ihre Nachkommen sich der eigenen Gefühle allmählich bewußt werden, sie wichtig nehmen, sie zeigen und mit ihnen umzugehen lernen.
Alle Menschenkinder sind Frühgeborene, ihr Gehirn ist längst noch nicht ausgereift, wenn sie auf die Welt kommen, und allein wären sie für lange Zeit nicht lebensfähig. Eltern müssen deshalb ein stabiles und längerfristig haltbares Nest bauen. Dieses Nest ist der erste Ort, an dem die Kinder im Zusammenleben mit anderen die Fähigkeit zur Empathie und die verschiedenartigen sozialen Kompetenzen erwerben. Das Nest ist ein Mehrzweckbau. Aber für die Entwicklung dessen, was neuerdings unter dem Stichwort »Emotionale Intelligenz« zu Recht als so wichtig betrachtet wird, sind spezialisierte Einrichtungen auch weder nötig noch nützlich. Das »Training« läuft, wie wir sahen, quasi nebenbei und auf jeden Fall ganztägig und gebührenfrei.

Dieser Schluß ist eigentlich ein Anfang: Denn mit der Fähigkeit, die eigenen Gefühle zu verstehen und zu »beherrschen« und sich empathisch in die der anderen einzufühlen und mit ihnen umzugehen, kann man eine Menge verschiedener Dinge anfangen. Diese Fähigkeit ist der Ausgangspunkt für weitere Herausforderungen des Lebens – und der Erziehung.

Zum Beispiel meinen viele Philosophen und Pägagogen, die Gefühle seien die Grundlage des moralischen Handelns. »Die Moral kommt mehr vom Gefühl als von der Logik, mehr vom Herzen als von der Vernunft«, schreibt etwa der junge französische Philosophieprofessor André Comte-Sponville. Vom Verbrechen halten uns seiner Ansicht nach *Gefühle* ab, nicht die logische Erwägung, daß die Maxime unseres Handelns jederzeit widerspruchslos zum allgemeinen Prinzip werden können muß, wie Immanuel Kant es fordert.

Auch Pädagogen sprechen, wie Astrid von Friesen betont, von der »Schrittmacherfunktion« der Emotionen in der Entwicklung der kindlichen Moral.

Das Schlüsselwort heißt Empathie. Die Fähigkeit, sich in den andern einzufühlen, kombiniert mit der schmerzlichen eigenen Erfahrung, daß Schläge weh tun: Das kann im Idealfall dazu führen, daß ein Kind auf Handgreiflichkeiten verzichtet. Empathie stand Pate bei der Formulierung der berühmten »Goldenen Regel« der Moral, die sich auch im Sprichwort »Was Du nicht willst, das man Dir tu, das füg' auch keinem andern zu!« wiederfindet. Einer Regel, die von Kants »Kategorischem Imperativ« im übrigen so weit nicht entfernt ist, auch wenn man der Sprache des Königsberger Philosophen nicht unbedingt anmerkt, daß »Einfühlsamkeit« die Mutter seiner Gedanken gewesen sein könnte.

Werden Kinder also von selbst moralische Menschen, wenn man sie emotional intelligent erzieht? Im Prinzip ja. Denn eine wirklich umfassende intra- und interpersonale Kompetenz macht Menschen sensibel für eigene und feinfühlig für fremde Gefühle. Sie prägt die Instanz, die wir Gewissen nennen, sie schärft die Wahrnehmung von Recht und Unrecht, sie macht immun gegen Gewalt, denn wer andere Möglichkeiten der Kommunikation hat, braucht sie nicht. Der erhobene Zeigefinger wird überflüssig, weil die Eltern mit Fingerspitzengefühl weit wirksamer ihre Ziele erreichen. Wer echte soziale Kompetenz erlangt hat, kann nicht bei Erfolg nur für sich selbst zufrieden sein. Er genießt ihn nicht, wenn andere auf der Strecke bleiben. Das ist keinesfalls lupenreiner Altruismus, sondern die Erkenntnis, daß ein solcher Erfolg seine Kosten hat.

Am Eingang der Inselkirche im Kloster auf Hiddensee steht: »Durch Rücksichtslosigkeit haben die Menschen Erfolg, erlangen, was sie begehren. Aber danach verdorren sie an der Wurzel.« Das in Kauf zu nehmen, wäre aber nicht nach Art emotional intelligenter Menschen.

Eine großangelegte Untersuchung, die der Sozialpsychologe Gerhard Schmidtchen 1993 im Auftrag des Bundesjugendministeriums unter Jugendlichen im Osten und Westen Deutschlands durchführte, zeigt zwar eine große »Moralsehnsucht« junger Menschen, verbunden mit dem Streben nach Ehrlichkeit, Persönlichkeitsentfaltung und der Suche nach dem Sinn des Lebens. Gleichzeitig gaben die Jugendlichen aber auch zu Protokoll, daß moralisches Verhalten (»andere nicht ausnutzen, sondern sie fördern, hilfsbereit sein und Frieden stiften«) sich ihrer Erfahrung nach in unserer heutigen Gesellschaft fast nie »auszahle«.

Wer angesichts dieser offensichtlichen Diskrepanz nicht resignieren und weiter der eigenen Sensibilität folgend leben will, darf schnellen Erfolg nicht zum Maßstab geglückten Lebens machen, muß aber gleichzeitig bereit sein, sich für Veränderungen einzusetzen. Ein glücklicher Mensch fühlt sich, wie der Philosoph und engagierte Friedenskämpfer Bertrand Russell meint, als »Bürger des Alls«, vereint mit dem »Strom des Lebens«. Das gibt ihm die Kraft, sich in seinem Leben zu engagieren. Doch um diese Art des Glücks zu erreichen, muß ein Mensch sein Nest zumindest zeitweise verlassen. Er muß, dem tapferen Schneiderlein gleich, in die Welt ziehen und dort tätig werden. Den Lehrjahren des Gefühls müssen Wanderjahre folgen.

Eine Begrenzung auf die eigene kleine Welt ist übrigens in des Wortes ursprünglicher Bedeutung spießig: Sie ist die Haltung des mit Spießen bewehrten Bürgers, der über die eigene Stadtmauer nicht hinausschaut. Und zu »Spießern« wollen die wenigsten Eltern ihre Kinder (bewußt) erziehen.

Engagement hat dagegen eine Welt zum Ziel, in der die emotionale Kompetenz der Menschen zur allgemeinen Norm geworden ist. Ein solches Engagement aber ist keine selbstverständliche und automatische Folge des Aufwachsens in Geborgenheit. Es setzt vielmehr

Werte, Ziele und Maßstäbe voraus, die zur Unzufriedenheit führen mit der Welt, wie sie ist. Es setzt voraus, daß Kräfte freigesetzt werden, die nicht nur dem Einzelnen selbst und seinem engsten Umfeld zugute kommen.

Das Nest ist – so betrachtet – für die Kinder ein Startloch. Es ist keine Einrichtung für die Ewigkeit. Von hier aus führt sie der Weg in die große weite Welt.

Doch unzählige Neurologen, Psychologen, Psychoanalytiker, Pädagogen, Philosophen und Künstler bestärken alle Eltern in der Auffassung, daß die Anfänge wichtig und für den weiteren Weg entscheidend sind. Wichtig genug auf jeden Fall, um zahlreiche Mühen zu rechtfertigen!

LITERATURVERZEICHNIS

Ariès, Philippe: *Geschichte der Kindheit.* Hanser 1976
de Beauvoir, Simone: *Das andere Geschlecht.* Rowohlt 1965
Beck, Ulrich / Beck-Gernsheim, Elisabeth: *Das ganz normale Chaos der Liebe.* Suhrkamp 1990
Bettelheim, Bruno: *Kinder brauchen Märchen.* dtv 1980
Brockert, Siegfried / Braun, Gabriele: *Das EQ-Testbuch.* Heyne 1996
Comte-Sponville, André: *Ermutigung zum unzeitgemäßen Leben.* Ein kleines Brevier der Tugenden und Werte. Rowohlt 1996
Damasio, Antonio R.: Descartes' Irrtum. *Fühlen, Denken und das menschliche Gehirn.* List 1994
von Friesen, Astrid: *Liebe spielt eine Rolle.* Rowohlt 1995
Fromm, Erich: *Die Kunst des Liebens.* Ullstein 1979
Gardner, Howard: *Abschied vom IQ.* Die Rahmentheorie der vielfachen Intelligenzen. Klett-Cotta 1994
Goleman, Daniel: *Emotionale Intelligenz.* Hanser 1996
Gordon, Thomas: *Familienkonferenz.* Die Lösung von Konflikten zwischen Eltern und Kind. Heyne 1989
Gorki, Maxim: *Meine Kindheit.* Fischer 1991
Gottman, John: *Kinder brauchen emotionale Intelligenz.* Diana 1997
Grefe, Christiane: *Ende der Spielzeit.* Rowohlt 1997
Handke, Peter: *Kindergeschichte.* Suhrkamp 1981
Jonas, Hans: *Das Prinzip Verantwortung.* Suhrkamp 1984
Korczak, Janusz: *Wie man ein Kind lieben soll.* Vandenhoeck & Ruprecht 10. Aufl. 1992
Liedloff, Jean: *Auf der Suche nach dem verlorenen Glück.* C.H. Beck 1980
Märtin, Doris / Boeck, Karin: *EQ – Gefühle auf dem Vormarsch.* Heyne 1996

Mitscherlich, Alexander: *Die Unwirtlichkeit unserer Städte.* Suhrkamp 1965

Mitscherlich, Margarete: *Die friedfertige Frau.* Fischer 1987

Moeller, Michael Lukas: *Die Wahrheit beginnt zu zweit. Das Paar im Gespräch.* Rowohlt 1992

Moritz, Carl Philipp: *Anton Reiser.* Rütten & Loening o.J.

Schiffer, Eckhard: *Warum Huckleberry Finn nicht süchtig wurde.* Beltz 1996

Schmidt-Atzert, Lothar: *Lehrbuch der Emotionspsychologie.* Kohlhammer 1996

Schneider, Robert: *Schlafes Bruder.* Reclam Leipzig 1992

Sukopp, H. / Wittig, R.: *Stadtökologie.* Gustav Fischer 1993

Tausch, Reinhard / Tausch, Annemarie: *Wege zu uns und anderen.* Rowohlt 1988

The Boston Women's Health Book Collective: *Unsere Kinder – unser Leben.* Rowohlt 1982

Thomä, Dieter: Eltern. *Kleine Philosophie einer riskanten Lebensform.* dtv 1995

Twain, Mark: *Die Abenteuer des Tom Sawyer.* Droemer 1951

Wild, Leonardo: *Unemotion.* Roman über die Zukunft der Gefühle. Carlsen 1996

Zeitungsartikel:

Berliner Zeitung vom 19./20.10.1996, S. 47: Interview mit Steve Biddulph

Berliner Zeitung vom 15./16.3.1997, Magazin: Interview mit Armin Mueller-Stahl

Warnfried Dettling: »Die moralische Generation«, In: *Die Zeit,* 14.2.1997

Luise Wagner: »Lernen durch Gefühle«, In: *Stern* 10/1997

Dieter E. Zimmer

*Der renommierte
Feuilleton-Redakteur
der ZEIT analysiert
witzig und pointiert
unseren modernen
Sprachgebrauch.*

**So kommt der Mensch
zur Sprache**
*Über Spracherwerb,
Sprachentstehung,
Sprache & Denken*
19/310

Die Elektrifizierung der Sprache
*Über Sprechen, Schreiben,
Computer, Gehirne und Geist*
19/483

19/310

19/483

Anthony Robbins

*Mit dem
POWER PRINZIP
zum persönlichen
Erfolg*

**Grenzenlose Energie –
Das Power Prinzip**
*Wie Sie Ihre persönlichen
Schwächen in positive Energie
verwandeln
Das NLP-Handbuch für jeder-
mann*
08/9626

Das Robbins Power Prinzip
*Wie Sie Ihre wahren inneren
Kräfte sofort einsetzen*
08/9672

**Erfolgsschritte nach dem
Power Prinzip**
*Ein kleiner Schritt an jedem Tag
bringt Sie in einem Jahr zu Ihrem
Erfolgsziel*
08/9686

08/9686

HEYNE
BÜCHER

YOGA

*Harmonie von Körper,
Geist und Seele*

Richard Hittleman
Yoga
Das 28-Tage-Prpgramm
08/4546

Erling Petersen
Das Yoga-Übungsbuch
08/9299

Satya Singh
**Das Kundalini-Yoga-
Handbuch**
*Für Gesundheit, von Körper,
Geist und Seele*
08/9342

08/4546

Heyne-Taschenbücher

HEYNE BÜCHER

Desmond Morris

*Der weltberühmte
Verhaltensforscher
illustriert auf
faszinierende Weise
die unbewußten
Signale unseres
Körpers.*

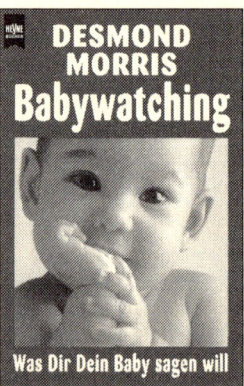

19/315

H e y n e - T a s c h e n b ü c h e r